AF285243

Dieses Buch widme ich meinem Sohn Niklas

Ralf D. Niemczyk

SPUREN GOTTES ENTDECKEN

Ein philosophischer Hinweisgeber

Bibliografische Information der Deutschen Nationalbibliothek:
Die Deutsche Nationalbibliothek verzeichnet diese Publikation in der
Deutschen Nationalbibliografie; detaillierte bibliografische Daten sind im
Internet über http://dnb.dnb.de abrufbar.

Fotos: Ramona Niemczyk

Herstellung und Verlag: BoD – Books on Demand, Norderstedt

ISBN: 978-3-7519-8316-7

INHALT

VORWORT

Wer sich auf eine Suche nach Spuren Gottes in unseren Lebenswelten begibt, der stößt zuallererst auf das Offensichtliche: Religiöse Gemeinschaften in vielfältiger Gestalt, über den Erdball verteilt, aus sämtlichen Kulturen stammend, begegnen uns mit ihren Erzählungen, Geboten, spirituellen Praktiken und Ritualen. Sie sind deutlichste und prägendste Spuren für die Hinwendung menschlicher Wesen zum Höheren, zum Heiligen, zur Transzendenz.

Daneben finden sich Spuren des Göttlichen, welche weniger offensichtlich in Erscheinung treten. Auf solche möchte ich in den folgenden Überlegungen hinweisen. Zu nennen sind hier vor allem, richtet man den suchenden Blick nach außen: das Erleben der Natur, der Schönheit und der Kunst. Doch auch der Blick nach innen vermag in Sehnsucht, Hoffnung, Liebe, Traum und mystischer Erfahrung den Weg zum Höheren zu weisen.

Darüber hinaus sollen die existenziellen Erfahrungen von Freude und Leiden, von Lebenswille und Sterbenmüssen einer philosophischen Spekulation ausgesetzt werden, die sich von Edith Stein und Meister Eckhart inspiriert weiß.

Warum ich über Gott nachdenke

Beweggründe für ein Nachdenken über Gott sind sicherlich zu einem guten Teil dem eigenen Lebensverlauf, der Entfaltung der eigenen Persönlichkeit geschuldet. Die Frage nach Gott war und ist mir ein tiefes Bedürfnis. Es gilt, in der Folge eines solchen Nachdenkens und Bedenkens, auch sich zu vergewissern und Rechenschaft darüber abzulegen, was mir wichtig ist: das Leben besser zu verstehen und zu bejahen, gern auf der Welt zu sein.

Die Furcht vor einem sinnlosen Dasein spielt mit herein; Sehnsucht nach gelingendem Leben und Dankbarkeit bilden den Grundakkord dieser Spurensuche.

Was ich nicht beabsichtige: die Existenz Gottes zu beweisen und apodiktische Glaubenssätze formulieren. Dies ist seit Kants "Kritik der reinen Vernunft" unmöglich gemacht.

Was ich hingegen zu unternehmen versuche: Spuren Gottes in der Welt, in unserer Umgebung, in unserem Leben und in uns selbst aufsuchen, betrachten und ansatzweise verstehen lernen.

Dieses Ansinnen freilich reicht nicht an echte Glaubenserfahrungen heran, ersetzt auch keine spirituelles "Erwachen".

Ich schreibe diesen Text in einer Zeit der Vergleichgültigung in Glaubensdingen. Dies gilt zumindest für weite Bevölkerungsteile innerhalb der westlichen Welt. In anderen Regionen haben wir es mit einer zunehmenden Radikalisierung und Brutalisierung des Religiösen zu tun. Mit Grauen sieht man zu, wie das Heilige von den einen achtlos fortgeworfen und ignoriert wird und von anderen als Waffe für die Durchsetzung bestimmter machtpolitischer Interessen missbraucht wird.

Ein gemeinsamer Austausch des Kostbarsten unserer Kulturen, ein gemeinsames Nachdenken über Fragen nach Gott in einer Atmosphäre des Wohlwollens und wechselseitiger Neugier, ein Dialog, welchen, um ein schönes Beispiel zu geben, der Dalai Lama seit Jahrzehnten unternimmt, würde befreiend, ja befruchtend wirken.

Wohlgemerkt ist hier die Rede vom gedanklichen Austausch, nicht von der Markierung weltanschaulicher Fronten und damit einhergehender Abgrenzung. Sich austauschen, geben und nehmen. Aus dem Dialog bereichert oder zumindest angeregt hervorgehen - hierzu möchte ich einladen.

Ein persönliches Glaubensbekenntnis

"Des Menschen Seele

Gleicht dem Wasser:

Vom Himmel kommt es,

Zum Himmel steigt es."

Johann Wolfgang von Goethe: Gesang der Geister über den Wassern

So wie der Mensch der Luft, des Lichtes, der Wärme, des Wassers, der Nahrung und menschlicher Gemeinschaft bedarf, so bedarf der Mensch Gottes.

Wir bedürfen einer heilsamen Macht, die es gut mit uns meint.

Da man mit den Methoden und Instrumenten der Naturwissenschaften die Existenz dieser gütigen Macht nicht nachweisen kann, verbleibt die Sehnsucht nach dem Höheren, nach dem Heiligen und heilend-Erlösenden, wie es sich in allen Kulturen in unterschiedlichen Ausformungen zeigt. Insofern ließe sich die These notieren:

Wir Menschen, als Resultat einer Evolution des Lebens auf Erden, sind "Sensoren" für das Göttliche, wir spüren dem Absoluten, dem Heiligen nach, da wir seiner existentiell bedürfen.

Leid schreit nach Heilung, schreit nach Erlösung. - Dieser Gedanke beschränkt sich nicht auf humanes Leben. Alle der Empfindung fähigen Lebewesen bedürfen des Erlittenen oder noch zu Erleidenden wegen der Erlösung und Wandlung. Das bloße noch dazu unvermeidlich der Natur zugehörige Vorhandensein von Leid erheischt Besserung, Heil, Vervollkommnung, Wiedergutmachung, Erlösung: Not-Wendigkeit einer gütigen Gottheit für alles was lebt und Leid erfährt.

Auf diese indirekte Weise deutet das Da-Seiende (Mensch, Tier und Pflanze im Leiden an der Natur) auf seine ersehnte metaphysische Ergänzung, auf Transzendenz hin, von der wir nicht wissen, ob sie existiert.

Der Gedanke an eine Gottheit wird oftmals zusammengebracht mit der Vorstellung eines Weltenbeginns, eines Anfangs, eines Schöpfungsaktes. Dieser gedachte, spekulative Zusammenhang rührt sicherlich auch von dem Bedürfnis her zu wissen, wie Welt und der Mensch darin entstanden sein mögen. Heute freilich werden nicht mehr die spannenden Schöpfungsmythen der Religionen in Augenschein genommen, vielmehr werden zuallererst (wie eine Selbstverständlichkeit) die Naturwissenschaften konsultiert. Die hierfür zuständige Astrophysik bietet dem neugierig Fragenden hochdifferenzierte, mathematisch fundierte Theorien über die Entwicklung und Entstehung des Kosmos. Dennoch bleibt die Frage, was das Universum ins Sein beförderte, was gewissermaßen einen "Urbeginn" einleitete und ob dieses Verursachen eines "Urknalls" auf eine Gottheit zurückzuführen sei, unbeantwortbar.

Dies liegt zuvörderst daran, dass der Gegenstand dieser Frage sich der naturwissenschaftlichen Untersuchung entzieht bzw. sich für eine solche Untersuchung nicht eignet. So schreibt der Astrophysiker Harald Lesch in einem seiner populärwissenschaftlichen Bücher:

"Heutzutage (...) haben die Naturwissenschaften auf diese metaphysische Fragestellung völlig verzichtet."[1]

"Die Frage nach der Letztbegründung, nach der causafinalis, also dem aristotelischen, ultimativen Grund für alles, ist heute keine Frage mehr, die in den Naturwissenschaften gestellt wird."[2]

Der Kenntnisstand der astrophysikalischen Modelle vom Kosmos besagt in etwa nach Leschs Darstellung folgendes:

"Es scheint so zu sein, als ob die gesamte Geschichte des Kosmos eine gewaltige Entfaltung des Seins ist. Aus einem sehr gleichmäßigen Anfangszustand, wo im Grunde genommen nichts abzulesen war, hat sich im Lauf der Jahrmilliarden eine Hierarchie ergeben: zunächst einmal Galaxien, dann Sterne in den Galaxien. Wieder später, vielleicht vor vier oder fünf Milliarden Jahren, haben sich um manche Sterne herum Planeten und vielleicht auf den einen oder anderen Planeten auch Lebewesen entwickelt."[3]

Mit diesem vorläufigen Befund bleibt die existentielle (Sinn-) Frage nach einem Schöpfergott unbeantwortet. Es ist nicht möglich, Gottes Existenz und dessen Schöpfungswirken naturwissenschaftlich anzudemonstrieren oder gar zu "beweisen". Sinnvoll allerdings erscheint mir der *Aufweis der Möglichkeit eines ersten Bewegers, eines ersten absoluten Verursachers.*

Dieses "Aufweisen" und "Hinweisen", diese "Spurensuche" nach den Fußabdrücken Gottes in der Welt findet statt innerhalb der Grenzen des menschlichen Erkenntnisvermögens.

---

[1] Lesch, Harald: Universum für Neugierige - Vom Urknall bis heute, München 2017, S.52
[2] Ebenda, S.54
[3] Ebenda, S.255

Daher ist ein solches theologisches Vorhaben zu Recht der Kritik durch Psychologie, Ethnologie und Religionssoziologie ausgesetzt und widerlegbar. Ich möchte mich nicht mit den Religionskritiken von der Antike bis zur Gegenwart auseinandersetzen. Ihre mitunter berechtigten Einwände gegen religiöses Bewusstsein nehme ich zur Kenntnis. Dennoch gebe ich zu bedenken: Was, wenn Gott allen philosophischen und psychologischen Argumenten entgegen existiert?

Was, wenn Nietzsche (Gott als Krücke der Schwächlinge und Zu-kurz-Gekommenen), Marx (Gott, das Opium des Volkes, das Herz einer herzlosen Welt), Freud (Gott als Neurose), Feuerbach (Gott als Projektionsfläche menschlicher Wünsche) und andere mit ihrer Kritik den Menschen und seine Kultur, nicht hingegen Gottes Existenz angehen?

Was, wenn der atheistische Kritiker die Religionen, insbesondere deren institutionalisierte Gestalten, attackiert, Gott hingegen mit seinen Angriffen nicht zu treffen vermag, gerade so, als würde man gegen den unaufhaltsamen Fortgang der Zeit wüten und toben?

Auch die Gleichgültigkeit der akademischen Philosophie gegenüber der Gottesfrage vermag nicht, dieses bohrende Fragen im Herzen der Menschen abzustellen. Es verbleibt eine Art von Urbedürfnis: das Fragen nach Gott. Wie sich die Pflanze der Sonne zuneigt, der Vogel sich in die Lüfte erhebt, so erhebt sich menschliches Fragen über Alles und Alles hinaus.

Dieses *Urbedürfnis nach dem Höheren* mag man religionskritisch psychologisierend oder kulturwissenschaftlich erklären. Auch den Zustand des Verliebtseins wird ein Arzt oder Biochemiker mit Hilfe der Veränderungen im Hormonhaushalt zu analysieren wissen. Dies sagt wenig aus über das Wesen der Liebe und über die Existenz Gottes.

Mir erscheint daher ein denkendes Antizipieren Gottes im Rahmen der engen Grenzen unseres Erkenntnisvermögens legitim und unverzichtbar. Ein Antizipieren - verstanden als das vorsichtige, ja hilflose Herantasten an das größte Geheimnis.

Erste Spuren Gottes

Das bloße *Vorhandensein des Religiösen in allen Kulturen* verweist auf ein menschliches *Grundbedürfnis*, sich in der Welt sinnhaft zu orientieren, sich selbst im Dasein zu verorten und zu verankern. Das Religiöse soll hier verstanden werden als der Bezug zum Überweltlichen, zur Transzendenz.

Soweit sich in diesem Sinne religiöse Praktiken, der Umgang mit dem Heiligen, spirituelle Erfahrungen und schließlich religiöse Institutionen bis in die Vorgeschichte hinein überhaupt erfassen lassen, haben wir es mit den folgenden Phänomenen zu tun:

- Bestattungsrituale
- Totenkulte
- Ahnenkulte
- Geisterkulte, Glaube an Schutzgeister
- Glaube an übernatürliche Kräfte
- Opferkulte
- Verehrung von Gestirnen, Bergen, Gewässern und anderen Naturkräften
- Totemismus
- Heiligkeit bestimmter Plätze, Pflanzen, Tiere und Naturgewalten
- Bedeutung von Träumen, Visionen, Erleuchtungserlebnissen
- Heilige Mythen, Gesänge, Gebete, heilige Texte, Tänze, Sakralobjekte
- Vorstellung einer menschlichen Seele sowie die Vorstellung einer Beseelung aller Lebewesen
- Jagdzauber, Heilungsrituale, Höhlenmalerei
- Glaube an Götter oder an eine Gottheit

Die Phänomenologie des Religiösen zeigt das Bedürfnis der Menschen auf, ihr So-Sein, ihr konkretes Leben zu vertiefen und dabei zu überschreiten auf etwas Höheres, Heiliges hin. Ein Bedürfnis, eingebettet zu sein in eine umfassende Ordnung, ist zugleich Indiz dafür, dass Religiöses im umfassenden Sinn zur Wesensausstattung des Homo Sapiens gehört.

Die Begegnung mit der Kunst

In der Begegnung mit der Kunst wächst der Mensch über sich hinaus. Sowohl im Kunstschaffen als auch im Kunstgenuss überschreiten wir die Grenzen der Alltagserfahrung und treten ins Reich der Schönheit ein.

Die Seele wird erhoben und beglückt. Schaffensdrang und die Freude, am Schönen teilzuhaben mit Sinn, Verstand und Herz bessern uns geradezu.

So eröffneten Maler wie Monet und Van Gogh neue Sehweisen für innere und äußere Welten. Musiker wie Mozart führten in verlorengegangene Paradiese zurück. Architekten und Bildhauer schufen Stein-gewordene Verheißungen einer Zukunft, in welcher unser Leben glücken möge. Schriftsteller und Filmemacher loteten Tiefe und Breite des menschlichen Daseins als Drama, Abenteuer und Komödie aus.

Sie alle schufen einen Reichtum höherer Art, der uns aus dem Dämmerzustand bloßen Funktionierens herausreißt. Aus der Begegnung mit der Kunst geht kaum jemand unverändert hervor.

Es ist die Schönheit in der Kunst, welche uns den Zutritt zu verloren geglaubten Paradiesen gewährt. Ein Van Gogh oder ein Picasso malten als Besessene einer inneren Schönheit. Sie öffneten dem Betrachter die Augen für die Tiefe des Lebens und den Reichtum der inneren und äußere Welten. Seelische Bereicherung, Ahnungen von einem Glück, das noch aussteht und die Erinnerung an das Versprechen von einer besseren Welt spielen in das Schaffen des Kunstschönen herein. Die großen sinfonischen Kompositionen eines

Beethoven oder Mahler sind Mikrokosmen, in denen die ganze Dramatik menschlicher Schicksale, ihre Höhen und Tiefen ausgerollt werden und wieder eingehen in ein schönes Ganzes, das uns anrührt.

Goethe sah in Jahrhundertkünstlern wie Mozart, Raffael und Shakespeare gottbegabte Naturen, welche die geringeren zu sich heranzuziehen zur Lebensaufgabe hatten:

"Gott hat sich nach den bekannten imaginierten sechs Schöpfungstagen keineswegs zur Ruhe begeben, vielmehr ist er noch fortwährend wirksam wie am ersten. Diese plumpe Welt aus einfachen Elementen zusammenzusetzen und sie jahraus jahrein in den Strahlen der Sonne rollen zu lassen hätte ihm sicher wenig Spaß gemacht, wenn er nicht den Plan gehabt hätte, sich auf dieser materiellen Grundlage eine Pflanzschule für eine Welt von Geistern zu gründen. So ist er nun fortwährend in höheren Naturen wirksam, um die geringeren heranzuziehen."[4]

In der Seele und Schaffenskraft des Künstlers setzt sich der göttliche Schöpfungsprozess fort.

Ein anderes Beispiel für eine Spur des Göttlichen:

Ein Tourist, der in seinem Alltag mit Religion nichts zu schaffen hat, betritt im Rahmen seiner Urlaubsreise einige historische Sakralbauten: eine Moschee, einen Tempel, eine Kathedrale. Er gewinnt in der sinnlichen Erfahrung dieser Gesamtkunstwerke einen Eindruck von Schönheit und Kraft, der ihm kaum erklärlich ist. Dieser Besucher und Fremdling verspürt die Realität einer anderen Welt und erhascht eine Ahnung von etwas Heiligem. Die Empfindung, von etwas Großem umfangen zu sein mag sich einstellen. Die Erfahrung

---

[4] Johann Peter Eckermann: Gespräche mit Goethe in den letzten Jahren seines Lebens, Aufbau-Verlag, Berlin, Weimar 1987, S.667

des Erhabenen entrückt uns der Lebensroutine für die Dauer einiger Augenblicke. Das Kunstwerk "Sakralbau" fordert heraus. Wir stehen in der Sixtinischen Kapelle und es wird evident:

Hohe Kunst will angestaunt werden.

Der zeitgenössische Autor Botho Strauß verwies im Zusammenhang mit der Malerei auf eine ähnliche Erfahrung:

"Große Gemälde lehren: der Mensch sei noch von andersher beleuchtet als nur von Mensch zu Mensch."[5]

---

[5] Botho Strauß: Allein mit allen/Gedankenbuch, München 2014, S.130

Vom Erleben der Natur oder: die Erfahrung einer Entgrenzung

Erleben der Natur heißt als Teil der Natur die Welt erleben und erleiden.

Ein Beispiel zur Illustriation: Leutaschklamm im August 2018

Stürzende Wasser nehmen mir den Atem.

Ein Dröhnen lässt den Leib erbeben.

Eiswasser durchpulst meine Adern.

Staunen und Zittern im Angesicht

einer uralten, übermächtigen, übervollen Natur.

Eine kurze Wegstrecke weiter erweist sich der soeben noch reißend-tosende Strom als friedlich, ja lieblich geradezu. Zwei Eindrücke vom selben Naturereignis. So beobachten wir, mitten darin, ordnen ein. Wir, die wir teilnehmen dürfen am "Abenteuer Universum" (Francois Cheng). Dabei suchen wir jenen winzigen Abschnitt der Welt, in dem wir leben, zu verstehen, erleiden ihn, erfreuen uns an ihm, sind Teil des "Experimentes Welt" (Ernst Bloch). So wie der Wasserfall uns zur todbringenden Bedrohung wird oder unseren Körpern in der Sommerhitze Erfrischung gewährt, breitet Natur ihr Spektrum zwischen Vernichtung, Tod und Leid einerseits, Geburt, Lebensdrang und Liebe andererseits aus. Weder gut noch schlecht, entfaltet sich

20

das Universum seit Jahrmilliarden und wir Menschen sind Zeuge dieses Wunders.

Tief empfand das Naturerleben der Dichter Rainer Maria Rilke ("Natur ist glücklich"):

"Natur ist glücklich. Doch in uns begegnen

sich zuviel Kräfte, die sich wirr bestreiten:

wer hat ein Frühjahr innen zu bereiten?

Wer weiß zu scheinen? Wer vermag zu regnen?

Wem geht ein Wind durchs Herz, unwidersprechlich?

Wer faßt in sich der Vögelflüge Raum?

Wer ist zugleich biegsam und gebrechlich

wie jeder Zweig an einem jeden Baum?

Wer stürzt wie Wasser über seine Neigung

ins unbekannte Glück so rein, so reg?

Und wer nimmt still und ohne Stolz die Steigung

und hält sich oben wie ein Wiesenweg?"

(Aus: Die Gedichte 1910 bis 1922, München, Frühjahr 1919)

Die Natur erfahren, empfinden und erdichten als ein Gesamt von Kräften, die sich zu einem fühlenden Subjekt vereinen. "Natur ist glücklich". Ein wunderbarer Satz. Ist Gott glücklich - vorausgesetzt, er fiele mit Natur zusammen? Universale Partizipation an Welt, göttliche Teilnahme an allem, was ist? Freude Gottes am Kosmos?

Bejahte man diese Fragen rein spekulativ, so ließe sich der Gedanke einer göttlichen Teilhabe an der Natur, einem Innewohnen der Welt auch auf zerstörerische, tödliche, leidvolle Ereignisse anwenden: Gott im Erdbeben, in vulkanischer Aktivität, im Raubtier auf der Jagd, im Orkan, in der Sturmflut.

Dächte man sich in menschlicher Naivität Gott zunächst anhand Rilkes Naturerleben als glücklichen Teilnehmer am Weltgeschehen oder als Gottheit, welche sich an der Natur erfreut, so vermutete man im Fall der Naturkatastrophen einen mitfühlenden, vielleicht sogar leidenden Gott? - Dies alles freilich in Analogie zum menschlichen Empfinden. Hier liegt das Problem von derlei Überlegungen. Auf der Suche, Gott zu verstehen, erliegen wir einem Anthropozentrismus. Erfährt Gott die Natur gänzlich anders als wir es tun?

Wir erfahren und entdecken forschend, suchend, analysierend, berechnend und experimentierend mit Hilfe der Wissenschaften gewissermaßen "von außen" die Natur. Dabei bleiben wir hinsichtlich unserer Empfindungen dem Tierreich nahe, von dem wir ein Teil sind und bleiben. Dieser instinktregulierte Aspekt unserer Beschaffenheit ermöglicht uns zugleich eine "innere Schau" der Natur: Wir lassen uns auf Ängste, Begierden, Freuden und Beweggründe ein, die so alt sind wie unsere Gene.

Somit erspüren, empfinden und erleiden wir Natur, von der wir ein Teil sind. Die Vernunfttätigkeit, sich in einem Jahrtausende währenden historischen Prozess zu Wissenschaft hin sich entfaltend, kommt hinzu. Zusammengenommen bleibt die Erfahrung der Natur durch den Menschen ein mühsam sich konstituierendes Stückwerk. Es bleibt Fragment. Gänzlich anders könnte es sich mit Gott und dessen Bezugnahme auf die Welt verhalten:

Er durchwaltet die Natur, wohnt ihr als göttliche Kraft mit seinen Prinzipien inne. Er übersteigt die Natur.

Diese Transzendenz ist mir wichtig. Sie legt nahe, dass es mit dem Leid in der Natur eine Grenze hat. Sie verweist auf die Möglichkeit von Erlösung.

Gott ist dieser sich abenteuerlich und experimentell entwickelnden Welt inne - auf eine uns nicht nachvollziehbare Weise. Und doch ist er der Natur voraus. Ein tröstlicher Gedanke.

Dichter, Maler und Musiker sind manchmal näher dran am Geheimnis der Natur. Eine das So-Seiende überschreitende Erfahrung spricht der von östlichen Religionen inspirierte Hermann Hesse in seinem Gedicht "Manchmal" aus:

"Manchmal, wenn ein Vogel ruft

Oder ein Wind geht in den Zweigen

Oder ein Hund bellt im fernsten Gehöft,

Dann muß ich lange lauschen und schweigen.

Meine Seele flieht zurück,

bis wo vor tausend vergessenen Jahren

Der Vogel und der wehende Wind

mir ähnlich und meine Brüder waren.

Meine Seele wird Baum

Und ein Tier und ein Wolkenweben.

Verwandelt und fremd kehrt sie zurück

Und fragt mich. Wie soll ich Antwort geben?"

Der schöne Gedanke von der Beseelung der Natur nimmt im Gedicht Gestalt an. Alles ist beseelt, durchgeistigt. So könnte Welt aus der Perspektive des Schamanen erfahren werden. Die Nähe zum Tier, zum Baum, zum Berg, zur Quelle, zum Wind -woher rührt sie und warum rührt sie meine Seele an? Wir empfinden oder erahnen eine Verwandtschaft, ein Band, das seit Urzeiten geknüpft wird.

Offensichtlich spielen hier Paradigmen aus dem Hinduismus, nämlich Seelenwanderung und "Brahman" ein. Darüber hinaus freilich verweist das Poem auf die Verwandtschaft aller Erscheinungen der Welt, auf gemeinsame Herkunft, auf gemeinsame Ursprünge.

Derlei zeichnet sich bereits in den allgemeingültigen Modellen der Physik, in den universellen Operationen der Mathematik und in den Baumustern der belebten und unbelebten Materie ab, welche Biologen und Chemiker ausweisen.

Der Universalzusammenhang, das im Zen-Buddhismus ausgesprochene "Alles ist Eins", welches sich auch im Hinduismus und Taoismus findet, zeigt auf eine Quelle, auf einen Seinsgrund. In der Andacht, in Versenkung, Meditation, in Trance und im Zustand höchster Erfüllung wird dieses "All-in-Eins-Sein" erfahren. Der Vorhang wird für die Dauer eines Augenblicks vor dem Geheimnis gelüftet. Anders formuliert: Der Durchbruch vom Schein zum Eigentlichen, vom Phänomen zum Substanz-Spendenden geschieht dabei innerhalb der physikalisch messbaren Zeit, hebt diese jedoch, wie es das Gedicht vonHesse nahelegt, auf: Kostbare Momente der Zeitlosigkeit - besser: der Gottesschau.

Der Gedanke einer Verwandtschaft aller Erscheinungen der Natur, der Gedanke eines Universalzusammenhanges, schließt Alles ein. Der Gottesbezug beschränkt sich nicht auf den Menschen. Pflanze, Tier, Flüsse und Meere, Berge und Gestirne sind Gott verbunden, existieren nicht ohne den Seinsgrund.

Das große Geheimnis ist der Zusammenhang zwischen Gott (dem Seinsgrund, dem Quell des Seins), dem Sein und den Erscheinungsformen der Welt, mithin der Natur.

Wie ist dieser Zusammenhang zu denken? Ist dieser überhaupt denkbar?

Die Vorstellung des Schöpfers nach biblischem Mythos im Buch Genesis geht vom Kausalzusammenhang innerhalb der Zeit aus. Gott erschafft nach Art eines Handwerkers innerhalb von sechs Tagen die Natur. Ein solcher Zusammenhang ist nach dem gegenwärtigen Kenntnisstand nicht mehr anzunehmen. Theologen beschränken sich daher auf eine bildliche Auslegung der Schöpfungserzählung.

Anders gedacht, ließe sich spekulieren: Gott ruft das Sein hervor. Aus der Gottheit quillt das Sein hervor. Erst mit dem Sein ergeben sich Zeit, Raum, Natur. Erst mit dem Sein ergibt sich das Dasein des Kosmos, ergibt sich Entwicklung von Energie, Materie und Leben. Gott als Urgrund des Seins "erschafft" nicht im biblisch-wörtlichen

Sinne die Natur. Gott lässt innerhalb des Seins das Dasein sich ereignen. Dies geschieht aus der Zeitlosigkeit und Raumlosigkeit heraus.

Ein Universalzusammenhang innerhalb der Natur vermag bruchstückhaft unter Einsatz von physikalischen Theorien sowie unter Zuhilfenahme der Mathematik erkannt und aufgewiesen werden. Darüber hinaus freilich zeigt Natur in all ihrer Vielfalt, die letztlich auf Einheit abzielt, noch mehr als naturgesetzliche Relationen. Sie zeigt auf Gott, den Urgrund des Seins. Es ist in der Natur mehr als nur das Zweckmäßige anzutreffen. Die ungeheure Potenz belebter und unbelebter Materie, ihre Komplexität und Dynamik lassen eine Deutung zu, welche die Grenzen der Wissenschaften überschreitet: Tier- und Pflanzenwelt können zusammen mit der Entwicklung des Kosmos nach der Weise des Dichters gedacht werden als eine "Erzählung" Gottes, als Gleichnis, als sich veränderndes sensorisches "Organ" Gottes.

"Wer die Natur als göttliches Organ leugnen will, der leugne nur gleich alle Offenbarung."[6]

Erst im Licht dieser Betrachtungsweise tut sich der Reichtum der Natur auf, wird unendlich Kostbares erfahrbar.

Hermann Hesse hatte dies in seinem Gedicht "Sprache" intuitiv erfasst:

---

[6] Goethe, Johann Wolfgang von: Maximen und Reflexionen, in Goethes poetische Werke, vollständige Ausgabe, Weltbild-Bücherdienst, Band 2, S.780

"Die Sonne spricht zu uns mit Licht,

Mit Duft und Farbe spricht die Blume,

Mit Wolken, Schnee und Regen spricht

Die Luft. Es lebt im Heiligtume

Der Welt ein unstillbarer Drang,

Der Dinge Stummheit zu durchbrechen,

In Wort, Gebärde, Farbe, Klang

Des Seins Geheimnis auszusprechen."

Nun gilt es zu hören, zu riechen, zu schmecken, zu spüren, zu schauen, zu erfahren, zu verstehen, zu genießen und zu bewundern, was Natur uns mitteilt. Das "Buch der Welt" liegt aufgeschlagen da und wartet auf seine Leser.

Entgrenzungserfahrungen: das Meer erleben

Ich spüre die Brandung, ihr Tosen, den Wind auf der Haut und schmecke die salzige Luft. Einer Urgewalt bin ich ausgesetzt, die alles verstummen lässt. Bilder ungeheurer Weiten und ewiger Rhythmen stellen sich ein und bereichern die Seele. Auch steigen verdrängte Ängste aus den Tiefen des Wassers auf. Das Bewusstsein der eigenen Bedeutungslosigkeit und Winzigkeit überwältigt den Betrachter. Kaum jemand erlebt das Meer, ohne dass sich seine Seele weitet. Natur spricht hier zu uns und sie spricht von der Gottheit.

Ein weiteres Beispiel: die Begegnung mit dem Wald

Seit jeher pflegen Menschen ein besonderes Verhältnis zum Wald und seinen Bäumen. Wälder bildeten lange Zeiträume hindurch Lebensraum für Jäger und Sammler. Nomadisierende Kleingruppen fanden hier ihre Lebensgrundlage. Auch heute noch fühlt sich der Homo Sapiens im Wald wohl und erfreut sich an Flora und Fauna. Besonders die Bäume haben es uns angetan - nicht nur aus wirtschaftlichen Gründen. Ihr hoher Wuchs, ihre Mächtigkeit und ihr Alter vermitteln die Idee der Beständigkeit. Der Erde tief eingewurzelt, erhebt sich der Baum zum Himmel, um Licht aufzunehmen. Er treibt Zweige aus in der Höhe und spendet in diesem seinem Wachstum unzähligen Organismen eine Lebensgrundlage. Auch wir sitzen gern in seinem Schatten an einem warmen Sommertag und blicken hinauf in die Krone des Königs aller Pflanzen. Der Baum wird uns zum Symbol für Dauer, Beständigkeit, Treue, Wachstum und Leben. Er verbindet die Erde mit dem Himmel.[7]

Im Baum und in den Wäldern spricht die Natur ihr Ja zum Leben.

Ein letztes Beispiel: Die Erfahrung der Landschaft

Wer in einer Landschaft unterwegs ist, der wird Teil dieser Landschaft. Er ist Hitze und Kälte ausgesetzt, erklimmt einen Berg, durchwandert eine Wüste, erfrischt sich an einem Bachlauf. Man sucht einen erhöhten Standort auf und lässt den Blick raumgreifend schweifen. Der Wind geht, Wolken werfen bewegte Schatten. Wir werden still, lassen die Gedanken ruhen und lassen uns von der Landschaft mitnehmen, treiben fort von den Sorgen des Alltags.

---

[7] Es verwundert nicht, dass in vielen Kulturen Bäume als Heiligtümer verehrt wurden.

Endlich erfahren wir uns als Teil einer großen und schönen Natur. Hier wird mit allen Sinnen die Erfahrung des Einsseins mit der Welt auf beglückende Weise gemacht. In solchen Augenblicken sagt die Seele Ja zum Sein.

Es ließe sich ein weiterer gedanklicher Schritt, eine weitere Spekulation unternehmen. Ein Perspektivwechsel soll angestrebt werden. Betrachten wir die Natur als Große Mutter allen Lebens und den Planeten Erde als umtriebiges Subjekt. Die den meisten geläufige Auffassung des Heimatplaneten, nämlich dass sich Kontinente, Weltmeere, Sauerstoff und endlich Leben auf diesem Himmelkörper entwickelten, versperrt den Zugang zum oben erwähnten Gedanken: Die Erde selbst ist als Subjekt tätig. Sie ist es, die im kosmischen Kontext eine spezifische "Erdnatur" entfaltet. Eben diese von der Erde produzierte Natur ist ambivalent: aufbauend und vernichtend, mitfühlend und grausam, schön und hässlich zugleich.

Als Teil dieser Erdgeschichte trägt die Gattung Homo Sapiens diese Ambivalenz der Erdnatur in sich. Alle Widersprüche und Gegensätze des Menschen wurzeln in letzter Konsequenz in dem Zustand: Als Kind der Erde, ein Zweiglein am Baum der Welt, teilen wir alle Entwicklungen, Unvollkommenheiten, Brüche und Widersprüche der Natur, einer Großen Mutter. Im Kontext einer solchen Betrachtungsweise der Natur erahnen wir ein Aufgehobensein, eine Geborgenheit, Dankbarkeit und Lebensfreude, welche vielen Zeitgenossen in der technischen Zivilisation abhandengekommen sind.

Vom Erleben der Schönheit

Natur ist hinsichtlich ihres Aufbaus, ihrer Grundstrukturen und ihrer Erscheinungsformen nicht rein funktional. Sie ist auch schön.

Dieser "Überschuss" des Daseins, diese "Zugabe" an die Welt wird von uns empfunden und genossen. So erfreut man sich der Pracht einer Blumenwiese, staunt über das bunte Schillern eines Fischschwarms, lauscht gern dem Gesang der Vögel im Frühling oder richtet den Blick auf ein Ehrfurcht-gebietendes Gebirgsmassiv. Schönheit, wohin das Auge schaut.

Dass ein Baum oder eine Wolkenformation, der Gang einer Wildkatze, der Sprung des Delfins als schön erlebt werden, gründet auch im menschlichen Empfindungsvermögen und in einer ästhetischen Urteilskraft; diese Erklärung allein ist trotzdem nicht hinreichend, denn: Es wäre eine Welt auch ohne Schönheit, eine rein funktionale, farblose, langweilige Natur vorstellbar.

Warum also existiert das Schöne überhaupt?

Gehört Schönheit zum Kernbestand des Daseins?

Der chinesisch-französische Dichter und Philosoph Francoise Cheng entfaltete zu diesen Fragen einen gewagten und überaus faszinierenden Gedankengang:

Er vermutete, die Materie habe "von Anfang an, potentiell das Versprechen und die Fähigkeit schön zu werden in sich getragen (...)".[8]

Die Schönheit der Natur entspringt "dem Inneren des Seins als Elan hin zur Schönheit, zur Fülle des Seins (...)".[9]

Für die Begegnung mit dem Göttlichen ist das Erleben des Schönen wegweisend:

"Was die Schönheit angeht, so lässt sich objektiv beobachten, dass unser Gefühl für das Heilige, das Göttliche, nicht bloß auf der Feststellung des Wahren beruht, das heißt auf etwas, das seinen Gang geht und funktioniert, sondern viel stärker auf der des Schönen, das heißt auf etwas, das durch seine rätselhafte Pracht erstaunt, bezaubert und überwältigt. Das Universum erscheint nicht als eine Gegebenheit; es offenbart sich als ein Geschenk, das zur Anerkennung und zur Feier einlädt."[10]

Schönheit, Experimentelles und Abenteuerliches als Wesensbestandteile kosmischer Dynamik führen uns zum Gedanken eines lebendigen Universums.

Diese Vorstellung ist alt und der chinesischen Kosmologie entliehen. So schrieb Francoise Cheng als Wanderer zwischen östlicher und westlicher Philosophie:

"Die chinesische Kosmologie gründet in der Idee des Atems - zugleich Materie und Geist. Ausgehend von dieser Idee des Atems haben die

---

[8] Francoise Cheng: Fünf Meditationen über die Schönheit, München 2013, Becksche Reihe, S.29
[9] Ebenda, S.50
[10] Ebenda, S.30

ersten Denker eine einheitliche und organische Auffassung vom lebendigen Universum entworfen, in der alles miteinander verknüpft ist und zusammenhängt. Der uranfängliche Atem, der die ursprüngliche Einheit gewährleistet, beseelt alle Lebewesen und verknüpft sie in einem gigantischen Netz wechselseitiger Durchdringung und Erzeugung, das Tao, Weg, genannt wird."[11]

Ein geniales Bild für den Universalzusammenhang des Kosmos.

Wenn es zutrifft, dass Künstler manchmal das Wesentliche kraft Intuition tiefer und besser wahrnehmen, so soll ein solcher gehört werden. Der Dichter Rabindranath Tagore spürte der Welt der Erscheinungen mit den Mitteln der Poesie nach und schrieb über das Universum:

"Die Magie der Mathematik, der Rhythmus, der im Herzen aller Schöpfung schwingt, ist das Bewegende im Atom und gestaltet nach ihren verschiedenen Formgesetzen Gold und Blei, die Rose und den Dorn, die Sonne und die Planeten. Das alles sind Tanzschritte von Zahlen auf der Brücke von Zeit und Raum, welche die Maya weben, die Muster der Erscheinungswelt, das unaufhörliche Fluten der Wandlungen, die immer sind und nicht sind."[12]

Eine Welt wie eine Sinfonie: Voller überraschender Ideen, voller Dynamik und Dramatik der Leitmotive und Reprisen, mit Tempiwechseln, jedoch ohne finalen Satz. Eine Welt als fluktuierendes Kunstwerk, voller Schönheit

Ist dies eine Möglichkeit Gottes, die Welt zu erfassen?

---

[11] Ebenda, S.87
[12]Rabindranath Tagore - Eine Anthologie, herausgegeben von AmiyaChakravarty, Freiburg im Breisgau 1961, S.261

Sehnsucht, Hoffnung, Liebe und Träume - Wegweiser zur Gottheit?

"Das ist die Sehnsucht: wohnen im Gewoge

und keine Heimat haben in der Zeit.

Und das sind Wünsche: leise Dialoge

täglicher Stunden mit der Ewigkeit.

Und das ist Leben. Bis aus einem Gestern

die einsamste von allen Stunden steigt,

die, anders lächelnd als die andern Schwestern,

dem Ewigen entgegenschweigt."

Rainer Maria Rilke

Jemanden herbeisehnen, etwas erhoffen - entgegen allen Widerständen. Hoffnung und Sehnsucht gegen alle Vernunft, gegen alle Fakten. Trotzdem, dennoch etwas antizipieren, herbeiwünschen, das noch nicht da ist, vielleicht noch niemals in der Zeit da war. Etwas, von dem jedermann behauptet: Vergeblich! Du hoffst vergeblich! Deine Sehnsucht geht ins Leere!

Dieser unzerstörbare Drang, gegen alle Vernunft sich auszuwerfen; dieses geistige Verlangen nach dem Glücken des Augenblicks im

Angesicht der Vergeblichkeit, des Grauens und Scheiterns, ist unausrottbar.

Der gemarterte, zerbrochene, sterbende Jesus am Kreuz: das Scheitern des von ihm ausgerufenen Gottesreiches auf Erden erleidend, rief Gott, den Vater an:

"Vater, in deine Hände lege ich meinen Geist." (Lk 23,46)

Der Mann aus Nazareth erhoffte sich alles und alles von Gott. In der tiefsten Verzweiflung der Sterbestunde hoffte er ganz und gar, ja stärker denn je, und warf sich mit all seinen Sehnsüchten und Ängsten diesem Gott in die Arme.

Ernst Bloch war es, der ein philosophisches Lebenswerk auf der Hoffnung errichtet hatte. Angefangen mit dem Frühwerk "Geist der Utopie" über das dreibändige "Prinzip Hoffnung" bis zum Spätwerk "Experimentum Mundi" arbeitete er sich am Hoffnungsgedanken ab. Hoffnung geht diesem Denken Blochs nach über das So-Seiende, geht über den Status Quo elender Verhältnisse hinaus, verweist in ein Noch-Nicht, verweist in die Ferne geglückten Lebens für alle und jedermann, das doch so nah ist.

Die Weltoffenheit des Menschen (Max Scheler), sein Probleme lösendes Potential (Blochs "Denken heißt Überschreiten") im Verein mit unauslöschlicher Sehnsucht weist über den Ausschnitt von Raum und Zeit hinaus, in welchem wir unser Dasein fristen. So formulierte es Rilke unübertrefflich:

"*Wohnen im Gewoge*

und keine Heimat haben in der Zeit."

Sehnsucht und Hoffnung wirken wie Wegmarken, Wegweiser, die in letzter Konsequenz auf das Zeitlose, Absolute, auf das Alles-Überschreitende, auf Transzendenz, auf Gott sich ausrichten.

Sehnsüchte und Hoffnungen erwachsen aus den Tiefenschichten der Seele und sind dem Willen zum Leben (Schopenhauer), dem Bios selbst zuzuordnen. Gleiches gilt für die Liebe, den eigentlichen Quellgrund für Fortpflanzung und menschliche Gemeinschaft.

In der Liebe überschreitet das Individuum sich selbst auf sein Gegenüber hin, gibt sich hin und geht im Miteinander der Liebenden auf. Selbstüberschreitung auf den Mitmenschen hin schafft zugleich Erfüllung und Beglückung.

Schlichter formuliert: Die Liebe ist dem denkenden Herdentier Mensch als Grundbedürfnis seinem Erbgut eingeprägt. Eine Prägung, die wir im Übrigen mit zahlreichen Säugetieren und Vögeln teilen (Stichworte: Balz, Brutpflege, Aufzucht der Jungen, Trauer um den Tod eines Gruppenmitglieds etc.). Diese biologische Determinante führt jedoch beim Menschen über bloße Reproduktion der Gattung hinaus. Hier soll nur einer von vielen Aspekten genannt werden: Die Liebe zwischen Menschen duldet den Tod nicht. Sterben und Tod des geliebten Menschen sind uns unerträglich. Der scharfsichtige Elias Canetti hinterließ ein "Buch gegen den Tod", in welchem er geradezu hysterisch gegen den Skandal des Sterbenmüssens tobte. Darin heißt es:

"Es ist um jeden schade. Niemand hätte je sterben dürfen."[13]

Die Vergeblichkeit dieses Wütens gegen den Tod, ja das Absurde daran, liegt auf der Hand. Dennoch zeigt sich in diesem verrückten

---

[13] Elias Canetti: Das Buch gegen den Tod, München 2014, S.62

Ansinnen Canettis, dem Tod (als sei dieser eine Person, ein Feind!) den Krieg zu erklären, ein guter Grund, ein verständliches Motiv: Das Leben des geliebten Menschen soll nicht enden. Der Geliebte oder die Geliebte soll nicht in ein Nichts sich auflösen. Man möchte dem Sterbenden zurufen:

Bleib! Stirb nicht!

Liebe trachtet danach, die Zeit zu überdauern, Zeit hinter sich zu lassen. So wie das gemeinsame Liebesglück die subjektive Zeit anhält, wenn Geliebte einander genug sind, so erheischt die Liebe, aus der Zeit heraus- und in Höheres einzutreten.

Der Theologe und Psychotherapeut Eugen Drewermann stellt in seinen Büchern und auf zahlreichen seiner Vorträge den Zusammenhang zwischen Liebe und Gottvertrauen dar:

"Vor allem nämlich schenkt die Liebe das Bewußtsein, daß es den anderen nicht nur von Ewigkeit her geben sollte, sondern zugleich auch in Ewigkeit geben muß."[14]

"Nur in der Liebe erschließt sich die unendliche Schönheit und die absolute Notwendigkeit der Existenz eines bestimmten Menschen; nur in der Liebe taucht man gewissermaßen an den Anfang der Schöpfung zurück und vollzieht von innen her den Entschluß Gottes nach, der von Ewigkeit her wollte, daß es diesen Menschen gibt."[15]

"Die ewig unbeantwortbare Frage aller Metaphysik: warum ist etwas und nicht vielmehr nichts, findet allein durch die Liebe ihre Beruhigung; denn einzig die Liebe weiß, daß es den anderen geben

---

[14]Eugen Drewermann: Zeiten der Liebe, herausgegeben von Karin Walter, Freiburg, Basel, Wien 1999, S.174
[15]Ebenda

muß, und sie allein macht vom Grund des Daseins her dankbar gegenüber Gott für das unermeßliche Geschenk des Lebens. Nur in der Liebe wird der andere selbst zu jenem Fenster, das die Welt hell macht und durchsichtig auf Gott hin, und umgekehrt wird seine Zuneigung zu einem Weg und einer Brücke, die von dieser Welt hinüberreichen in die Ewigkeit."[16]

So erweist sich manchem Glücklichen die Liebe als eine Brücke, die über den Abgrund des Todes und der Verzweiflung führt und trägt - hinein in eine tiefere Wirklichkeit.

---

[16] Ebenda

Innere Einkehr, Versenkung, Meditation, Gebet

Das Eingehen in eine tiefere oder wenn man so will höhere Realität ermöglicht die innere Einkehr. Das Sich-Abschließen von äußeren Reizen, das Zur-Ruhe-Kommen der Gedanken, der inneren Bilder und Emotionen führt uns auf unsere Mitte zurück. Eine Mitte, die im Alltag oftmals verloren geht. Erst wenn wir innerlich ruhig werden und "zu uns" kommen, ganz "bei uns" sind, erlangen wir unsere Würde als freie Individuen zurück. Eine Person, die im Zustand innerer Einkehr auf ihre Beweggründe, Gefühle, Umtriebe, kurzum auf ihre innerseelische Befindlichkeit blickt, beginnt sich aus Fremdbestimmung, Determination, Ängsten und Begierden zu lösen und eine innere Freiheit Stück für Stück wiederzuerlangen.

Dieser Weg innerer Gesundung, der Stärkung und Freiheit kann im Praktizieren verschiedener Meditationstechniken fortgesetzt und bis hin zu Versenkung und Erleuchtungserfahrungen, wie sie in den meisten Kulturen anzutreffen sind, führen. Die innerseelische Dynamik (von der christlichen Mystik etwa eines Meister Eckhart bis zum Satori-Erlebnis im Zen-Buddhismus) ist dabei von kulturellen Prägungen abhängig. Gerade der Zivilisationstypus der westlichen Welt tut sich mit derlei Praktiken schwer, da ihm Wille und Ratio mitunter in die Quere kommen.

Innere Einkehr, Versenkung und Meditation müssen keinen Zusammenhang mit der Gotteserfahrung induzieren. Das Vordringen zum eigenen Selbst (Carl Gustav Jung) ist bereits ein hohes Ziel und führt den Praktizierenden zum eigentlichen Kern seiner Persönlichkeit. Das Individuum erfährt im Zuge solcher Übungen, dass es mehr ist als ein Rollenträger und Funktionsbestandteil diverser Alltags- und Berufswelten. Eine Ahnung von Lebens-Potentialen stellt sich ein.

Den unmittelbaren Kontakt mit der Gottheit sucht der Beter aufzunehmen. Dieser Vorgang vollzieht sich ritualisiert etwa durch gesprochene Formeln und festgelegte Körperhaltungen und Gesten, oft im Kollektiv eines Sakralraumes.

Die meisten Gebete setzen das Personsein der Gottheit voraus - ein hörendes Gegenüber. Diese Überschreitung der empirischen Welt zugunsten der Transzendenz ist häufig eine Verlängerung der Alltagssorgen in den Bereich des Himmlischen hinein: Der Beter "bittet" (das Bittgebet ist in der westlichen Welt wohl die häufigste Ansprache Gottes) um konkrete Hilfsmaßnahmen. Es geht um Nahrung, Schutz, Sicherheit, Eheglück, Gesundung, wirtschaftlichen Erfolg und um ein langes Leben.

Hier haben wir es mit den fast kindlich zu nennenden Bitten der ohnmächtigen Kreatur zu tun, die sich einer Welt ausgesetzt sieht, welche sich ihrer Kontrolle entzieht. Daher die Hinwendung zu überirdischen, göttlichen Mächten.

Folglich wird ein Machtzuwachs des Individuums etwa durch Einführung von Technologien zur Problemlösung ein solches Bittgebet tendenziell überflüssig machen. Dort, wo etwa eine industrielle Landwirtschaft betrieben wird, müssen keine Götter mehr um eine gute Ernte angefleht werden. Wenn der Arzt das Antibiotikum verabreicht und meine Krankheit heilt, ist auch das Dankgebet für die Gesundung nicht mehr erforderlich.

Von der ursprünglichen Gebetsstruktur verbleibt freilich trotz aller Fortschritte im persönlichen Wohlergehen, dass der Betende sich einer gütigen, liebevollen Macht vertrauensvoll offenbart. Ein solches

Sich-Offenbaren, ein solches Öffnen des Herzens gegenüber seinem Schöpfer kann auch wortlos stattfinden und wird im Beter die Erfahrung vorbereiten, sich getragen zu wissen, gehalten zu werden von einem Gegenüber, das es gut mit uns meint.

Zu innerer Einkehr, Versenkung, Meditation und Gebet führt auch die anthropologische Verfassung des Menschen hin. Diese besteht darin, dass der Homo Sapiens das einzige uns bekannte denkende Tier ist, welches sich selbst Frage werden kann. Die klassischen Fragen danach, woher wir kommen und wohin wir gehen, erfordern Antworten, die über uns hinausreichen.

Auch Grenzerfahrungen, mithin solche Erlebnisse, welche das Individuum in seiner Existenz betreffen, verändern Sichtweisen und Haltungen. Existenzielle Erfahrungen wie Lebensgefahr, Unfälle, eine schwere Erkrankung, der Tod eines geliebten Menschen, große Angst, aber auch das Miterleben einer Geburt und die große Liebe vermögen unser "Wertesystem" zu relativieren. Manch einer erkennt erleichtert und oftmals wie befreit, was ihm wirklich wichtig ist in diesem kurzen Leben.

Auch hier ergeben sich Chancen, zum Eigentlichen, zum Wesenhaften, zum Quellgrund des Seins durchzubrechen.

Der vielleicht bis heute populärste Wegweiser zu einer höheren Welt, zur Gottheit, sind die *Träume*. Hermann Hesse beginnt sein Gedicht "Adagio" mit den Zeilen:

"Traum gibt, was Tag verschloß;

Nachts, wenn der Wille erliegt,

Streben befreite Kräfte empor,

Göttlicher Ahnung folgend."

Die nächtliche Tätigkeit der Seele im Schlaf gibt trotz aller hirnphysiologischer und neurologischer Befunde Rätsel auf und fasziniert. Offensichtlich rührt diese Fragwürdigkeit und das Faszinosum der Träume daher, dass wir es mit dem Allerintimsten der eigenen Person zu tun haben. Auch bei einer gewissen Skepsis gegenüber den diversen psychologischen Schulen der Traumdeutung lässt sich auf eine allnächtliche Selbsterfahrung hinweisen, die da lautet:

"Der Traum ist die einzige Welt, die nur wir selbst hervorbringen."[17]

Die Psychoanalytikerin und C. G. Jung - Schülerin Verena Kast spitzt diese Selbsterfahrung ein wenig zu, wenn sie aus der Erfahrung ihrer Tätigkeit als Therapeutin schöpft und behauptet, der Traum sei ein "kognitives Selbstgespräch, eine Botschaft der eigenen Tiefe."[18]

Demnach ermöglicht es der Traum einer Person, sich selbst besser zu erkennen oder sogar auf dem Weg der Selbstwerdung, der Individuation (C. G. Jung), voranzukommen. Dieser Gedanke stellte sich lange zuvor, gegen Ende des neunzehnten Jahrhunderts, beim Erfinder der Psychoanalyse, Sigmund Freud, ein. Für diesen war der

---

[17] Verena Kast: Träume - Die geheimnisvolle Sprache des Unbewussten, 7. Auflage, Ostfildern 2015, S.32
[18] Ebenda, S. 202

Traum ein sinnvolles Gebilde der Psyche, genauer: die unbewusste (symbolische) Erfüllung eines unterdrückten Wunsches.[19]

Der Traum war Freud der Königsweg zum Unbewussten. Eine ähnlich hohe Einschätzung erfuhr der Traum und seine Deutung im therapeutischen Kontext durch Jung.[20]

Die unbewusste Tätigkeit der Psyche während des Schlafes, das Träumen, vermag dem Individuum eine *wichtige Lebenshilfe* zu werden. Die Wertschätzung, welche in den Kulturen der Völker den Träumen entgegengebracht wurde, ist ein Hinweis hierauf. Nach Jung "spricht" die Seele zu uns in Symbolen. So kompensiert das Träumen mitunter Lebensdefizite, Nöte und Ängste. Es weist auf Konflikte hin und deutet Lösungswege für Probleme an:

"In der Auseinandersetzung mit den Träumen können Selbstheilungskräfte der Psyche entborgen werden."[21]

Die heilbringende Wirkung von Träumen ist den Religionen von der Antike bis zur Gegenwart bekannt.[22] Im Schamanismus spielen Träume als "Seelenreisen" sogar eine Schlüsselrolle. Schamanen, Priester, Therapeuten und Neurologen versuchen sich in der Traumdeutung. Ziele dieser vielfältigen Bemühungen können sein: die Lösung von Konflikten, Krisenhilfe, die Linderung oder Heilung eines Leidens, zur Reifung der eigenen Persönlichkeit, zur

---

[19] Sigmund Freud, Studienausgabe Fischer-Verlag, Bd.II, Die Traumdeutung, sowie BdI, Vorlesungen zur Einführung in die Psychoanalyse, Frankfurt a.M. 2000, S. 101
[20] Siehe die Schriftensammlung von C. G. Jung: Traum und Traumdeutung im DTV-Verlag, die Arbeiten Jungs von 1916 bis 1961 enthält.
[21] Verena Kast, a.a.O., S. 75
[22] Ebenda, S. 15-22

Individuation beizutragen. Traum als "Lebenshilfe" der Psyche, so verstand C. G. Jung seine Arbeit mit den Träumen der Patienten.

Demnach birgt die Seele eines jeden ein Vitalpotential und eine Heilkraft, welche uns auf numinose Weise zu Hilfe kommen. So wie der physische Leib über Immunisierungs- und Selbstheilungsstrategien verfügt, weiß sich das Seelenleben gegen Beschädigungen vielfältigster Herkunft zu wehren bzw. es vermag die erlittenen Wunden mitunter zu versorgen oder gar zu heilen. Die Religionen der Antike hielten vielleicht auch deshalb die Warn-, Heil- und Kriseninterventionsträume ihrer Schlüsselpersönlichkeiten für Botschaften von Gottheiten. So bauten die Griechen ihrem Gott der Heilkunst, Asklepios, dreihundert Tempel, in denen die Patienten auf heilende Träume rituell-therapeutisch vorbereitet wurden.[23]

Insofern lassen sich die Spuren Gottes in der Tatsache vermuten, dass der Mensch ein Träumender auf dem Weg der Genesung ist.

---

[23] Ebenda, S. 19

Versuch, Gott auf die Spur zu kommen - ein theologischer Exkurs zu Edith Steins Spekulationen

Der in Auschwitz ermordeten Jüdin und katholischen Ordensfrau Edith Stein gelang in ihrer Ontologie die philosophische Ausformulierung einer im Kern spirituellen Erfahrung. Gemeint ist hiermit das Verhältnis des Geschöpfs zum Schöpfer.

Steins Denken stand unter dem starken Einfluss von Aristoteles, Thomas von Aquin, Augustinus und Meister Eckhart. In unserem Zusammenhang, Spuren Gottes zu entdecken, beschränke ich mich auf eine knappe Skizze einiger ihrer Hauptgedanken aus ihrem Werk "Endliches und ewiges Sein - Versuch eines Aufstiegs zum Sinn des Seins".[24]

Überdies gehe ich kurz auf Thomas von Aquins Schrift "Das Seiende und das Wesen" ein, die ein Verständnis der Steinschen Hypothesen erleichtert. Auch für Thomas, der in seiner Theologie Aristotelische Philosophie und christlichen Glauben zusammenbrachte, ging es im Kern darum, Gott mit Hilfe der Vernunft zu erklären. Ob diese Versuche der Scholastik, Gott auf die Spur zu kommen, heute noch hilfreich sind, muss sich zeigen. Der vielleicht prägendste Theologe des christlichen Mittelalters stellte sich Gott und sein Verhältnis zur Schöpfung etwa auf folgende Weise vor:

---

[24] Die 402 Seiten umfassende Schrift liegt mir als Teil der Edith-Stein-Gesamtausgabe als PDF-Datei vor und bildet die Grundlage für die Zitate.

- Gott ist vollkommenes Sein; dabei ist die göttliche Substanz Eins bzw. nur eine.
- Das Wesen Gottes (das ist die höchste einfache Substanz) ist mit seinem Sein identisch.
- Die göttliche Substanz steht über allen Gattungen (der Schöpfung), dabei besitzt sie all deren Eigenschaften in höherer Weise.
- Das unendliche Sein der göttlichen Substanz ist nicht identisch mit dem endlichen Sein der anderen Substanzen (gegen die Identität Gottes mit der Natur gerichtete Hypothese).
- Gott hat in seinem Sein auch alle Vollendungen, die in allen Gattungen (der Schöpfung) sind und zwar in hervorragenderer Weise als alle Dinge.
- Gott ist erste Seinsursache. So empfangen auch die menschlichen Seelen ihr Sein vom unendlichen Sein Gottes.

Was deutlich wird, ist die angestrebte Rangordnung, eine Hierarchisierung dessen was ist: Auf der einen Seite Gott, das unendliche Sein, auf der anderen Seite das nachgeordnete, sekundäre Seiende, bloßes Dasein bzw. das Geschaffene, das nur teilhat am (göttlichen) Sein.

Edith Stein knüpfte an diese vom Neuplatonismus und von Augustinus beeinflusste Gedankenwelt an. Sie selbst war eine tiefgläubige Christin. Der von ihr bewohnte spirituelle innere Erfahrungsraum, jene höhere Wirklichkeit, aus der heraus sie lebte und Kraft schöpfte, sollte von ihr mit den Begriffen der neuplatonischen und scholastischen Philosophie skizziert werden. Die Problematik eines solchen Sprechens über das Unaussprechliche, eines Auslotens des Abgrundes, den Gott bildet, ist hierbei offensichtlich und so alt wie die Theologie. Dennoch könnte manch einem Leser, der nach Spuren Gottes in der Welt sucht, ein solches

Philosophieren hilfreich sein und ihn näher an das tiefste aller Geheimnisse herantreten lassen.

Stein verweist zunächst auf einen Zusammenhang zwischen Natur (sie benennt diese die "geschaffene Welt") und dem Grund allen Seins:

"Die gesamte geschaffene Welt weist ja zurück auf die ewigen und ungewordenen Urbilder alles Geschaffenen, die Wesenheiten oder reinen Formen, die wir als göttliche Ideen aufgefaßt haben."[25]

Hier verwendete die Philosophin Hypothesen, die vom Neuplatonismus und vom Kirchenvater Augustinus stammen:

Gott wird vorgestellt als das ewige Sein, als unendliches Sein, Gott ist im Besitz des Seins.

Gott ist ewiges erstes Sein als Grund allen Seins.

Gott ist Herr der Zeit.

Damit ist Gott (so ließen sich obige Hypothesen verdichten) der anfangs- und endlose Urgrund: das erste Sein oder reines Sein.

Reines Sein, weil "in ihm nichts vom Nichtsein ist wie bei dem zeitlich-Begrenzten" (...), weil es "bei ihm keinen Übergang von der Möglichkeit zur Wirklichkeit gibt, keinen Gegensatz von Potenz und Akt".[26]

Schöpfung insgesamt (also die Natur) empfängt vom Schöpfer ihren Sinn:

---

[25] Stein, a.a.O. S.222
[26] Ebenda

"Wir stehen hier wiederum vor dem großen Geheimnis der Schöpfung: daß Gott ein von dem seinen verschiedenes Sein hervorgerufen hat; eine Mannigfaltigkeit des Seienden, in der alles gesondert ist, was in Gott eins ist."[27]

Der Sinn der Schöpfung ergibt sich nicht naturimmanent, er ergibt sich im Schöpfer selbst:

"Nur weil alles endliche Sein im göttlichen 'Ich bin' sein Urbild hat, hat alles einen gemeinsamen Sinn."[28]

Menschliches Verstehen, Begreifen und Erfassen dieser Ordnungsstrukturen im geschaffenen Sein und dessen Bezug auf den (göttlichen) Urgrund gerät an Grenzen:

"Eben diese Teilung des Seins und den Sinn des endlichen Seins als Anteil am Einen Sein gilt es zu verstehen, soweit ein göttliches Geheimnis zu verstehen ist."[29]

Die Schöpfung ist eine unvollkommene Schöpfung, weist Fehler, Brüche, Lücken auf:

"Es liegt im Sinn der Schöpfung, daß das Erschaffene kein vollkommenes Abbild sein kann, sondern ein 'Teilbild', ein 'gebrochener Strahl': Gott, der Ewige, Unerschaffene und Unendliche kann nicht seinesgleichen erschaffen, weil es kein zweites Ewiges, Unerschaffenes und Unendliches geben kann."[30]

An dieser Stelle möchte ich die bereits erwähnte Deutung der Schöpfung als eines großen "Abenteuers" und "Experiments" Gottes

---

[27] Ebenda, S.228
[28] Ebenda, S.229
[29] Ebenda, S.229
[30] Ebenda

einschalten. Die Vorstellung, dass die Gottheit Begrenztes erschüfe. Etwas Zeitliches, dabei Werdendes, Wandlung Veranlassendes, Entwicklung Evozierendes. Die Vorstellung, der göttliche Urgrund speise Freiheit und Potentialität dem Geschaffenen ein. Das Universum wäre folglich kein Uhrwerk, das einem programmierten Bauplan gemäß abliefe und die Lebewesen wären kein Puppentheater anonymer Mächte. Der Welt immanent wären dieser Konzeption nach auch Chaos, Zufall, Variabilität und Offenheit.

Zufall, Unfall, Katastrophisches, Unvorhersehbares, Leid und scheinbar Sinnloses bereiten uns Angst und Unsicherheit. Die Ohnmachtserfahrung des Individuums mit Blick auf ein gleichgültiges Universum, in welchem Vernichtung und Wandel an der Tagesordnung sind, kann nur in einem Urvertrauen auf den Schöpfer zur Ruhe kommen:

"(...) das Umfaßtsein alles Endlichen vom göttlichen Geist und das ursächliche Begründetsein alles Endlichen im göttlichen Wesen (...)"[31] werden uns zum Trost. Die Vorstellung, dass Alles in Gottes Obhut ruht (bei aller Unruhe in der Welt), ist ein gutes Therapeutikum der Seele.

Bei all diesen doch recht abstrakten Betrachtungen sollte man das Wesentliche nicht aus den Augen verlieren, um das es Edith Stein eigentlich ging: Gott zu erleben als den "Hintergrund, der die ganze Welt umspannt."[32] Ein Bild, von Eugen Drewermann in einem anderen Zusammenhang formuliert, das sich uns an dieser Stelle gut einfügt. Oder mit anderen Worten: Diese wunderbare Frau lebte ihr Leben vor dem Angesicht Gottes. Sie wusste, dass es mehr gibt als

---

[31] Ebenda, S.232
[32] Eugen Drewermann und Michael Albus: Wege aus dem Niemandsland, Patmos-Verlag, Ostfildern 2014, S.197

unser kurzes, verwirrtes Dasein auf Erden, als sie sich entschloss, nicht mehr vor dem nationalsozialistischen Mörderregime zu fliehen und am neunten August 1942 die Gaskammer betrat.

Der spirituelle Zugang: Meister Eckharts Mystik

"Wo der Verstand und das Begehren enden,

da ist es finster, da aber leuchtet Gott." [33]

(Meister Eckhart)

Wenn eine Hinwendung zu Gott für den"postmodernen" Menschen der westlichen Welt heute überhaupt noch in Frage kommt, so ist den institutionalisierten Religionen kaum noch eine Anziehungskraft zu bescheinigen. Der vorläufige aktuelle Trend führt weg von den Kirchen, hin zu Individualismus, Eklektizismus und "Patch-Work-Religiosität". Die Furcht der Kirchen und besonders ihrer Amtsträger vor Kontroll- und Machtverlust ist berechtigt. Bei allen Bedenken gegenüber dieser Tendenz eines Absterbens des Christentums im Abendland bleibt auch Positives: Gottes Geist weht, wo er will. Manchmal auch unerwartet.

Eine Hinwendung zum Göttlichen, wenn sie authentisch ist, kann nur eine des *Individuums* sein. Eine spirituelle Erfahrung, ein existenzielles Erlebnis. Hierher gehört folglich die Bedeutung der *Mystik* in allen Kulturen und religiösen Praktiken. Der Mystiker erlebt die Gottesbegegnung. Die theologische Reflexion sucht diese Grenzerfahrung hilflos stammelnd in Worte zu fassen bzw. zu umkreisen, sich ihr anzunähern. Das Erlebnis selbst bleibt unnennbar,

---

[33] Meister Eckhart: Deutsche Predigten und Traktate, 7. Auflage, herausgegeben und übersetzt von Josef Quint, Hamburg 2007, S. 346

unaussprechlich. Gleichnisse und Bilder werden herangezogen, um sich darob mitzuteilen.

Religiöse Riten, Gebete und Versenkungstechniken, Befolgen von Geboten, das Rezitieren heiliger Texte, rituelle Tänze, Fasten usw. sollen an diese Gottesbegegnung heranführen - meist ohne "Erfolg". Sie alle sind dem Mystiker Beiwerk, sind ihm nachrangig. Das Ereignis selbst steht im Mittelpunkt: Die Stiftungspersönlichkeiten der Weltreligionen wie Buddha, Moses, Jesus oder Muhammad gingen aus der Gottesbegegnung hervor. Von diesem Kraftzentrum aus speisten sich die jeweiligen Glaubensbewegungen.

Dies wäre auch heute, wäre jederzeit an jedem Ort möglich.

Die Mystik des mittelalterlichen Predigers (1260-1328), Dominikaners und Magisters der Universität Paris, Eckhart, kommt dem Gegenwartsmenschen nahe, da sie im Grunde nicht christlich im streng kirchlich-dogmatischen Sinne ist. Insofern hatte Papst Johannes XXII. in seiner Bulle vom 27. März 1329 gegen Eckharts Lehre instinktiv abwehrend reagiert, da er gewahr wurde, dass dessen Theologie weit über die katholische Auffassung hinauswies. Eckharts Spiritualität kommt in letzter Konsequenz ohne Bibel, ohne Priester, ja ohne Kirche aus. Nur Gott und die Seele. Sie genügen einander. Eine Gotteserfahrung, welche die Grenzziehung der institutionalisierten Religionen zu übersteigen vermag. Eine fruchtbringende Perspektive, die zu Austausch, zu Dialog und einem Miteinander der Religionen einlädt.

Das Spannende, ja Aufregende an Eckharts Gottesauffassung ist das psychologische, existenzielle und spirituelle Menschenbild. Es wirkt auch heute noch frisch, radikal (an die Wurzel gehend) und belebend.

Meister Eckhart ging bei seinen Vorträgen und Predigten von einem Erweckungserlebnis aus, das er wohl mit dem Kirchenvater Augustinus von Hippo teilte. Dieser schrieb nämlich in seinen "Bekenntnissen":

"Ich wäre also nicht, mein Gott, ich wäre gar nicht, wenn du nicht wärest in mir."[34]

"Und sieh, bei mir drin warst du, und ich lief hinaus und suchte draußen dich (...)"[35]

Der Kerngedanke, der beiden Predigern zu eigen war, ist: *Gott findet sich im Menschen.*

In seinen Traktaten und Predigten spitzte Meister Eckhart diesen Kerngedanken zu - so radikal, dass er sich die lebensbedrohliche Verurteilung seiner theologischen Texte durch den Papst im Jahre 1329 zuzog.[36]

Eckhart ermunterte seine Zuhörer und Leser, sich vom "äußeren Menschen" dem "inneren Menschen", das heißt der Seele, zuzuwenden. Der Mensch soll alles loslassen: Sinneseindrücke, Bilder, Erinnerungen, Empfindungen, Gedanken, Bestrebungen, Pläne und Willensakte und sich versenken in eine meditative Haltung. Er soll nichts in dieser Haltung suchen, nichts anstreben, nichts begehren.

---

[34] Augustinus: Bekenntnisse, übertragen von Herman Hefele, VMA-Verlag, Wiesbaden, Lizenzausgabe 1958, Eugen Diederichs-Verlag, S.26, zweites Kapitel
[35] Augustinus, ebenda, S.253, siebenundzwanzigstes Kapitel
[36] Der drohenden Verfolgung durch die Inquisition entging der Magister durch sein vorzeitiges Ableben während einer Reise. Siehe auch Meister Eckehart: Deutsche Predigten und Traktate, 7. Auflage, herausgegeben und übersetzt von Josef Quint, Hamburg 2007, S.449)

Vielmehr soll er *aller Welt ledig werden und in die innere Leere, in Finsternis und Nichts eintauchen.*

Erst in diesem befreiten Zustand öffnet sich die Seele, damit Gott in sie einkehrt. So wie sich ein zuvor geleertes Gefäß füllen lässt mit Wasser, wohnt Gott der vollständig entleerten Seele inne, erfüllt er den Menschen mit Seligkeit.[37]

Es ging dem Mystiker um diese spirituelle Schlüsselerfahrung. Auch in der Exegese der biblischen Texte bemühte sich Eckhart um eine Hinführung der Seele zu einer Öffnung für Gott, welche stets mit einer Abkehr und Umkehr einherzugehen hatte.

Mystische Vereinigung der Seele mit Gott, Erleuchtung und Verklärung sind nicht Zustände, welche das Individuum herzustellen vermöchte. Die Gottesbegegnung geht von der Gottheit aus. Der menschliche Anteil beschränkt sich auf innere Reinigung, Klärung und auf ein sich-Öffnen der Seele. Es ging Eckhart um ein Erklären eines *der Gottheit immanenten Vorgangs.*

Für den westlichen Vernunftmenschen mit seiner "Machermentalität" ein unverständliches Procedere.

Die Seele empfängt Gott:

"Nun, er will selbst allein und gänzlich unser Eigen sein."[38] Gott will uns "(...) zu eigen geben alles, was im Himmel ist und den Himmel mit all seiner Kraft, ja alles, was je aus ihm floß (...)."[39]

---

[37] Ebenda, S.307, Predigt 32; S.340, Predigt 39
[38] Ebenda, S.96
[39] Ebenda

Die höchste Stufe der menschlichen Entwicklung vom niederen, bloß-äußeren Menschen hin zum edlen-inneren Menschen ist es, "wenn der Mensch entbildet ist und überbildet von Gottes Ewigkeit und gelangt ist zu gänzlich vollkommenen Vergessen vergänglichen und zeitlichen Lebens und gezogen und hinübergewandelt ist in ein göttliches Bild, wenn er Gottes Kind geworden ist."[40]

Der Seele ist die Vereinigung mit Gott möglich und notwendig zugleich, da "eine Kraft in der Seele ist, die weder Zeit noch Fleisch berührt; sie fließt aus dem Geiste und bleibt im Geiste und ist ganz und gar geistig. In dieser Kraft ist Gott ganz so grünend und blühend in aller Freude und in aller Ehre, wie er in sich selbst ist."[41]

Eckhart schränkte die intendierte Identität von Seele und Gottheit dahingehend ein, dass er behauptete: Nur ein Teil der Seele, er nannte es das "Bürglein", ist Gott gleich. In dieses Bürglein ginge die Gottheit ein. "Mit dem Teile ist die Seele Gott gleich und sonst nicht."[42]

In diesem Zustand der Empfängnis habe der Mensch Anteil an der Ewigkeit:

"Wenn wir so von ihm empfangen sollen, so müssen wir in der Ewigkeit sein, erhaben über die Zeit."[43]

Empfängt die Seele Gott, so wird der Mensch vergöttlicht.

"Gott hat keine eigentlicherer Stätte als ein reines Herz und eine reine Seele;"[44]

---

[40] Ebenda, S.143
[41] Ebenda, S.161
[42] Ebenda, S.164
[43] Ebenda, S.174

Gott ist uns das Allerinnerste, ist uns näher als unser Ich, unser Selbst, näher als unser Leib und Leben:

"Die Seele nimmt ihr Sein unmittelbar von Gott; darum ist Gott der Seele näher, als sie sich selbst ist; darum ist Gott im Grunde der Seele mit seiner ganzen Gottheit."[45]

Das solchermaßen verklärte, erhöhte und geläuterte Individuum ergreift fortan in allem um sich herum die Gottheit. Die Schöpfung wird ihm durchsichtig und durchlässig für den Einen und Ewigen Gott. Die mystische Erfahrung führt den Erleuchteten zurück in den Weltalltag mit gewandelten Sinnen: In allem ergreift er Gott und bestreitet tatkräftig und gut sein Leben.[46]

Dieser Wandel der Seele bleibt eine lebenslange Aufgabe, denn:

"Nichts hindert die Seele so sehr an der Erkenntnis Gottes wie Zeit und Raum. Zeit und Raum sind Stücke, Gott aber ist Eines."[47]

Sich der eigenen Gotteskindschaft vergegenwärtigen; ein Leben tagtäglich führen aus der Erfahrung heraus, der Gottheit zugehörig zu sein, ja der Gottheit als Heimstätte zu dienen, darin besteht unsere Lebensaufgabe als beseelte Geschöpfe:

"Wisset nun, alle unsere Vollkommenheit und alle unsere Seligkeit hängt daran, daß der Mensch durchschreite und hinausschreite über

---

[44] Ebenda, S.175
[45] Ebenda, S.201
[46] Siehe ebenda, S.312: "In allen Kreaturen ist etwas von Gott". Weiter: "(...)im Innersten sucht und strebt die Natur nach Gott." S.346
[47] Ebenda, S.325

alle Geschaffenheit und alle Zeitlichkeit und alles Sein und eingehe in den Grund, der grundlos ist."[48]

Der heutige Leser der Predigten und Traktate des Mystikers Eckhart wird vielleicht mit Befremden oder mit Irritation, wenn nicht gar mit Ablehnung diesen Gedanken folgen. Obgleich Eckharts Gotteserfahrung prinzipiell jedermann möglich sein sollte, wird sie nur wenigen zuteil. Der spirituelle "Durchbruch", die "Erleuchtung" oder das "Erweckungserlebnis" stellen Ausnahmeerfahrungen dar und sind daher nicht notwendige Bedingung für ein geglücktes Leben. Eine Überlegung, die uns Teilnehmern am Zeitalter der Wissenschaft näher liegt, sei hier noch angefügt und stammt von dem bereits weiter oben zitierten Autor Francoise Cheng. Sie betrifft das Verhältnis von Kosmos und Individuum:

"Der Mensch ist nicht dieses Wesen außerhalb von allem, das seine Sandburg auf einem verlassenen Strand baut. Er ist aus dem Abenteuer des Lebens hervorgegangen; sein Vermögen, dem Geist zuzustreben, seine Fähigkeit zu denken und Gedanken zu entwickeln, gehören zum Abenteuer des Lebens. Obwohl wir inmitten des Universums vollkommen verloren zu sein scheinen, können wir vermuten, dass wir das wache Bewusstsein und das lebendige Herz der Materie sind. Das Universum denkt in uns, in dem Maße, in dem wir es denken; wir können der Blick und das Wort des lebendigen Universums sein, wenigstens aber sein Gesprächspartner."[49]

---

[48] Ebenda, S.342
[49] Francoise Cheng: Fünf Meditationen über die Schönheit, München 2013, Becksche Reihe, S.54. Der Astronom Professor Dr. Harald Lesch bestätigt in seinem Buch "Universum für Neugierige - vom Urknall bis heute" (München 2017, S.254-255) fast wörtlich diesen Befund:"In diesem Sinne ist das, was

Bewusstsein und lebendiges Herz der Materie sein - ein großer, ein schöner Gedanke!

Wir wissen von der Astrophysik um das Alter der Materiebausteine, aus denen unsere Körper bestehen: Der Mensch ist, wie alles um ihn herum, zusammengesetzt aus "Sternenstaub", kaum weniger alt als das Universum. Es dauerte Jahrmilliarden, bis sich dieser Sternenstaub zu Leben und Bewusstsein entwickelte und erste Gedanken entfaltete. bei aller Verlorenheit und Winzigkeit im Angesicht eines ungeheuer großen Kosmos darf der Mensch sich seiner vergewissern und sagen:

In mir denkt sich Welt, spiegelt und vergeistigt sich das Universum.

Auch dieser Gedanke ist ein Näherrücken an den Urgrund allen Seins, ein Fußabdruck Gottes.

---

wir tun, wenn wir Astronomie betreiben, eigentlich eine Art von Selbstgespräch. Das Universum spricht mit sich selbst."

Der Skandal des Leids in der Schöpfung

Das Leid in der Welt und das Leiden an der Welt ist seit der Antike bis zur Gegenwart vielen Skeptikern Anlass, die Existenz eines gütigen Gottes zu bezweifeln. Wie kann ein gütiger Gott nur all das Leid und Elend zulassen! Welch ein "allmächtiger" Gott, der nicht hilft! Leid und Not liefern dem Atheismus noch immer die stärksten Argumente.

Alle Versuche, die offen liegenden Mängel innerhalb der als "guter Schöpfung" verstandenen Welt zu rechtfertigen, hinterlassen ein Unbehagen oder bereiten gar ein Ärgernis.[50]

Es lässt sich nicht leugnen, dass Hurrikans, Vulkanausbrüche, Erdbeben, Sturmfluten, Seuchen, Meteoriteneinschläge, Krankheit und Leiden in den vielfältigsten Gestalten, Defizite in der Schöpfung darstellen. Dabei wurden nur Natureinwirkungen genannt; von den Monstrositäten, welche Menschen einander antun, war noch gar nicht die Rede. Hier ist nichts zu rechtfertigen, nichts schönzureden.

Ist die "Schöpfung" verfehlt?[51] Ist sie gar das gescheiterte Experiment eines gelangweilten oder bösartigen Gottes, eines "Demiurgen"?

So in etwa ließe sich zynisch argumentieren gegen die Schöpfungsmythen der abrahamitischen monotheistischen

---

[50]Der bekannteste Versuch, Gottes angenommene Allmacht und Güte mit den Übeln der Welt in eine harmonische Ordnung zu bringen und zu rechtfertigen, stammte vom Universalgelehrten G.W. Leibniz aus dem Jahre 1710 und wurde von ihm als "Theodizee" bezeichnet.
[51] Der wohl radikalste Kritiker einer "guten" Schöpfung unter den Philosophen des 20. Jahrhunderts, ist E.M. Cioran mit seinem Buch "Die verfehlte Schöpfung", Frankfurt am Main 2017

Religionen Judentum, Christentum und Islam. Vielleicht vermag man sich heute zunehmend leichter (auch durch Vermittlung naturwissenschaftlicher Kenntnisse) von der Vorstellung eines Schöpfergottes nach dem Bild eines Handwerkers zu lösen und umzudenken: Einen Urgrund vorstellen, dem die Initialzündung eines Weltenbeginns zukommt, eine Anstoß-gebende Gottheit für eine ergebnisoffene Entwicklung des Universums, in welchem Chaos, Zufall und Katastrophisches ihren Platz haben. Erst eine solche Betrachtungsweise, bei welcher der Natur eine Eigendynamik und Freiheit zugedacht ist, kommt der Erklärung des Leids näher.

Bei alledem bleibt die Frage, warum Gott nicht rettend z.B. bei Naturkatastrophen eingreift, unbeantwortet. Dass beim naturgesetzlichen Ablauf der Welt der leidenden Kreatur nicht geholfen wird, empörte besonders den Philosophen Arthur Schopenhauer, der als einer der wenigen modernen Denker das Leid der Tiere ins Bewusstsein rückte.

Auch die eschatologische Frage nach einer erhofften, herbeigesehnten Vollendung des Weltenganges bleibt unbeantwortet.

Der Theologe und Psychotherapeut Eugen Drewermann wählte einen anderen Weg, mit diesen Fragen umzugehen. Er dachte nicht kosmologisch-physikalisch vom Weltenbeginn her. Sein Ansatz begann beim Menschen und fasst sich im nachfolgenden Satz zusammen:

"Es braucht einen gründlich anderen Maßstab, um der Welt, wie sie ist, standzuhalten."[52]

Ausgehend von Darwins Evolutionslehre schrieb Drewermann:

"Es ist, Charles Darwin hat recht, als erstes ein Stümperwerk, war wir da 'Schöpfung' nennen, weit entfernt von irgendwelcher Vollkommenheit, die es vermutlich niemals geben wird. In einer Welt, in der ein Tier nur davon lebt, ein anderes zu fressen, in der jede Pflanze wächst, indem sie die Nachbarpflanze in einen Schatten stellt, der ihr den Tod bringt, ist von Güte nicht viel zu sehen."[53]

"Ob das Erdbeben in der Wüste Gobi ausbricht (...) oder im Untergrund von Los Angeles oder Tokio hunderttausende von Menschen gefährdet - die Natur kann für das eine nicht und für das andere nicht. Sie ist, wie sie ist."[54]

Religion ist eine mögliche Antwort auf diese universale Gefährdungslage:

"Alle religiösen Fragen sind in diesem Sinne im Grund sehr kindlich, sehr existenziell-verdichtet. Sie dienen nicht der Erklärung der Welt draußen, sondern der Sinnstiftung des Menschen inmitten seines Lebens."[55]

"Die Frage ist: Warum gibt es mich? Die Frage ist nicht: Warum gibt es die ganze Welt?"[56]

---

[52] Eugen Drewermann und Michael Albus: Wege aus dem Niemandsland, Patmos-Verlag, Ostfildern 2014, S.198
[53] Eugen Drewermann: Wozu Religion? Freiburg im Breisgau 2001, S.60
[54] Ebenda, S.49
[55] Ebenda, S.36
[56] Ebenda

"Der Glaube an Gott, so wie die Religionsgeschichte ihn zeigt und auch die Bibel noch artikuliert, geht nicht aus von der Frage nach der Welt, sondern von der Frage, wo sich für Menschen Orte und Geborgenheit, von Liebe, von Vertrauen und Zuversicht gegenüber dem Tod finden lassen."[57]

"Wir brauchen als planende, überlegende Wesen, die sich von allem in der Natur so weitgehend unterscheiden, einen Hintergrund, der uns erlaubt, uns selber zu finden und einer so fremd gewordenen Natur standzuhalten. Darin liegt der Sinn des Glaubens an Gott."[58]

Mit dieser Grundhaltung ist der Skandal des Leids nicht ausgeräumt. Es wird uns allerdings ein Weg gewiesen, damit umzugehen.

Die Erfahrung der Rettung:

Die Rettung aus Gefahr oder aus einer Notlage, die Genesung von schwerer Krankheit, das unbeschadete Hervorgehen aus katastrofischen Vorgängen - sie alle sind Erfahrungen, welche als *Geschenk an ein Menschenleben* dankbar aufgefasst werden können. Mir wurde Rettung zuteil, ich darf weiterleben. Ein Ereignis wird zum Einschnitt, vielleicht zur Kehrtwende einer Biografie. Ich spüre (berechtigt oder nicht), dass ich angenommen, akzeptiert und bejaht werde vom Leben. Das Geschenk der Rettung aus tiefster Not schreibt in meine Person das große JA der Welt zum menschlichen Dasein, gegen alles Unglück, gegen alles Elend.

Gleiches gilt für die Erfahrung von Zeiten des Glücks und Gelingens. Es mögen dies Geschenke sein von höherer Art und Herkunft, da sie uns motivieren, kräftigen, vitalisieren und aufrichten, unser Leben neu anzugehen. Die Erfahrung der Rettung und des

---

[57] Ebenda, S.32
[58] Ebenda, S.30-31

Beschenktwerdens führt uns auf die Spur unserer eigentlichen, zeitlos-göttlichen Lebensquelle.

Vom Leben zum Tod und darüberhinaus

"Ein gutes Gefühl: auf diesem Planeten nur beurlaubt zu sein."

Ernst Jünger: Siebzig verweht II, Stuttgart 1981, S.636

Der Tod war einst wesentlicher Bestandteil der menschlichen Kultur. Gestorben wurde daheim, oft inmitten der Familie. Begräbnisfeier, Ahnenkult und Gedenkstätte zeugen von einer Integration des Todes, die heute schwindet. Der Tod wird in den westlichen Gesellschaften aus dem Alltagsleben verdrängt und an die Peripherie verlegt: in Altenheime, Pflegeeinrichtungen, Spitäler, Hospize und Bestattungsinstitute.

Das unangenehme, mitunter tabuisierte, ja oftmals gefürchtete Lebensende wird auf bewährte Weise der Arbeitsteilung zugeführt: Ärzte, Pfleger, Seelsorger, Versicherungen, Notare, Bestatter und Behörden nehmen sich des Todes an. Auch das Sterben wird zum Wirtschaftszweig und zum Verwaltungsvorgang. Damit freilich gerät der Tod und seine Schrecken aus unserem Blickfeld, wird kaum noch sichtbar.

Diesem zivilisatorischen Verdrängungsvorgang ist trotz aller Professionalisierung kein Erfolg beschieden. Es bleibt die Furcht vor dem Sterben, es bleiben die Ängste vor dem Tod. Das Individuum ist trotz des institutionalisierten Großaufwandes beim Umgang mit dem Lebensende auf sein eigenstes Sterbenmüssen zurückgeworfen.

Hier gerät man an eine offensichtliche Grenze und es stellt sich die Frage: Wie gehe ich mit dieser existenziellen Situation um? Manches spricht dafür, sich weiterhin dem aktuellen gesellschaftlichen (dabei unausgesprochenen) Konsens anzuschließen und dieses Verdrängen mitzumachen. Philosophisch ließe sich eine solche Haltung mit den Vernunftgründen eines Epikur stützen, der keck behauptete:

"Der Tod ist für uns ein Nichts, denn was der Auflösung verfiel, besitzt keine Empfindung mehr. Was aber keine Empfindung mehr hat, das kümmert uns nicht."[59]

Der im Griechenland der Antike lehrende Philosoph (341 v. Chr. bis 271 v. Chr.) gab sich viel Mühe, den Menschen ihre Todesfurcht auszureden. Seine Bemühungen waren trotz aller Evidenz seiner Argumente vergeblich, denn: Ängste lassen sich nicht wegdisputieren.

Weichen wir also dem Todesgeschehen nicht aus. Im Gegenteil, rücken wir diesem etwas näher und betrachten zuallererst den biologischen Befund. Dieser weist den Tod aus als unumkehrbaren Ausfall der Lebensfunktionen des Körpers bzw. als Aufhören der Zellproduktion oder der Zellteilungsfähigkeit.[60]

Der Ausfall der Lebensfunktionen bei einem Organismus lässt sich zurückführen auf Alterungsprozesse, Unfälle, Gewalteinwirkung, Verletzungen, Vergiftungen, Krankheiten. Dabei ist dieser Zerstörungs- und Sterbeprozess jedem mehrzelligen Lebewesen genetisch eingepflanzt. Organismen haben ein "Verfallsdatum". Im Umlauf der Jahre und Jahrzehnte degenerieren die den Körper erhaltenden biochemischen Vorgänge, bis der Stoffwechsel endgültig zum Erliegen kommt.

---

[59] Epikur: Die Hauptlehrsätze (Kyriaidoxai), zweiter Lehrsatz, in: Josef Werle (Herausgeber): Epikur für Zeitgenossen, München 2002, S.17
[60] https://www.spektrum.de/wissen/fuenf-fragen-zumtod/135924 sowie https://dewikipedia.org/wiki/Tod

Von diesem biologischen Befund ausgehend, ließe sich die Schlussfolgerung ziehen:Der Tod ist dem Leben einprogrammiert, ist Teil des lebendigen Organismus und keine fremde, von außen hinzutretende Macht oder Person, die uns am Lebensende "erwarten" wird. Tod und Sterben sind Bestandteil einer jeden Person, eines jeden Lebewesens.

Unternehmen wir von dieser Stelle aus einen gewagten Sprung, einen Salto vorwärts von der prosaischen Betrachtung des Todes hin zur Ontologie und Mystik des bereits bekannten mittelalterlichen Theologen Meister Eckhart. Dieser predigte mit Nachdruck das folgende Wort:

"Gott, dem stirbt nichts; alle Dinge leben in ihm."[61]

Eckhart behauptete nicht: Es stirbt nichts. Vielmehr meinte er, dass Gott nichts wegstirbt, dass Gott nichts verloren geht. Auch die "Dinge", also alles in der Schöpfung, leben in ihm, sind in Gott aufgehoben. Alles verbleibt Gottes!

Ein Blick in Eckharts Ontologie lässt uns diese kühne These besser verstehen.

Für den Mystiker ist Gott der Quellgrund von Allem, der immerwährend das Sein speist und umgreift; der Hintergrund, Urgrund, Ursprung von Raum, Zeit, Energie und aller Wesen und Dinge.

"Er ist ein Sein, das alles Sein in sich hat."[62]

---

[61]Meister Eckhart: Vom Adel der menschlichen Seele, herausgegeben von Gerhard Weber, Anaconda Verlag, Köln, 2006, S.95
[62] Meister Eckehart: Deutsche Predigten und Traktate, a.a.O., S.332

Da Gott das Sein spendet, trägt und bewahrt, so geht ihm nichts verloren. Alle Ereignisse im Kosmos, auch der Sterbeprozess, finden innerhalb Gottes statt.

Die Nähe Gottes ist Eckhart eine vollständige, absolute. Der Mensch kann daher und soll in allem Gott ergreifen:

"So etwas am Sein teilhat, soweit gleicht es Gott."[63]

Der Sterbeprozess, von den meisten gefürchtet und verdrängt, ist Eckhart ein Zugang zu einem höheren Leben, ein Durchgang zum eigentlichen Menschentum:

"Wir leben das Sterben in Gott, damit er uns ins Wesenhafte versetze. Das ist besser als (irgend) ein Leben. Ein Sein, darin unser Leben lebt, da unser Leben wesenhaft wird. (...) Kräftig muß jenes Leben sein, in dem das Sterbliche Leben gewinne, ja in dem der Tod als solcher zum Leben umgestaltet wird. Gott, dem stirbt nichts; alle Dinge leben in ihm."[64]

Das physische Leben loslassen, dabei sich dem Quellgrund der Welten anvertrauen heißt: sich sterbend Gott in die Arme werfen. Wandlung, Verklärung, neues, höheres Leben, Heimat erwarten uns.

Doch wie gelangt man zu einer solchen Haltung des Sich-Anvertrauens?

Indem der Einzelne aufhört, sich festzuklammern an Pläne, Ziele, Begierden, Neid, Hass, Ängste, Projekte, Menschen und Dinge:

---

[63] Meister Eckhart: Vom Adel der menschlichen Seele, a.a.O., S.87
[64] Ebenda, S.94-95

"Auch macht nichts einen wahren Menschen, ohne Aufgabe des (Eigen-) Willens. Wahrhaftig, ohne Aufgabe des (Eigen-) Willens in jeder Hinsicht schaffen wir in Gott rein gar nichts (...)"[65]

"Doch unsere Werke dienen nicht dazu, daß uns Gott (immer noch) etwas gebe oder tue. Unser Herr will vielmehr, daß seine Freunde davon loskommen. Und darum nimmt er ihnen diesen (falschen) Halt weg, damit allein er ihr einziger Halt sei."[66]

Auf Gott setzen, ihm sich anvertrauen, alles von ihm zu erwarten, darum geht es.

"Denn je entblößter und lediger das Gemüt Gott zuneigt und von ihm gehalten wird, desto tiefer wird der Mensch in Gott hineingepflanzt, um so empfänglicher wird er für die wertvollsten Gaben Gottes. Denn allein auf Gott soll der Mensch bauen."[67]

Vor Gott hintreten oder besser (wie Eckhart dachte) Gott bei sich eintreten lassen und ihm alles von uns hinhalten können, darin bestünde Befreiung, Erlösung, Verklärung, Leben über den Tod hinaus:

"Was immer zu Gott kommt, das wird verwandelt, wie minderwertig es auch sei."[68]

Dieses Denken ist radikal, da es an die Wurzel des Menschen geht, an die Wurzel aller Lebewesen und Dinge, an die Wurzel des Seins. Und diese ist für Eckhart Gott.

---

[65] Ebenda, S.53
[66] Ebenda, S.60
[67] Ebenda
[68] Ebenda, S.71

Hier wird ein Sprung vollzogen: Indem wir Gott bei uns einlassen, reifen wir in Höheres hinein, wachsen über das So-Sein unseres Alltags hinaus und in die Tiefe des Menschseins hinein.

Rilke deutete diese Zusammenhänge auf wunderbare Weise in seinem Gedicht "Das ist mein Streit" an:

"Das ist mein Streit:

Sehnsuchtgeweiht

durch alle Tage schweifen.

Dann, stark und breit,

mit tausend Wurzelstreifen

tief ins Leben greifen -

und durch das Leid

weit aus dem Leben reifen,

weit aus der Zeit!"[69]

Leben und Sterben als Reifungsprozess eines Wesens, das mit beiden Beinen auf der Erde steht, fest eingewurzelt und zugleich dem Himmel angehört. Ein solchermaßen verstandenes "Hinausreifen" meint auch, dass ein Leben nach dem biologischen Tod nicht eine

---

[69] Rainer Maria Rilke, aus der Sammlung "Gaben an verschiedene Freunde", Erste Gedichte, 1. Auflage 1913

bloße Fortexistenz oder ein bloßes Weitermachen des Individuums bezeichnet. Noch immer stellen sich viele Menschen den "Himmel" als bessere Erde, vor, auf der sie ihren üblichen Beschäftigungen weiter nachgehen werden. Hier sei ein Einwand erhoben, der vom indischen Schriftsteller Tagore stammt. Dieser meinte, dass der eigentliche Sinn unseres Lebens im "Über-sich-selbst-Hinauswachsen" bestünde.[70]

Er veranschaulicht dieses Reifen, diese Transformation, die im Tode ihre Fortsetzung findet, anhand eines Bildes aus der Natur:

"Das Leben des Samens in der Frucht ist ein ganz anderes als das Leben des wachsenden Baumes. So muß auch unser Leben (...) so grundverschieden sein von dem Leben einer befreiten Seele, daß es uns unmöglich ist, uns dies vorzustellen, solange wir in der Hülle des Selbst eingekerkert sind. Und daher bitten wir, wenn wir um ewiges Leben bitten um ewige Dauer von Gewohnheit und Behagen und vergessen, daß Unsterblichkeit ein unaufhörliches Zerbrechen der endlichen Formen des Lebens ist, um zur unendlichen Wahrheit des Lebens zu gelangen."[71]

Der Tod verstanden als ein Teilstück des nicht endenden Lebensprozesses - einer Entwicklung und Entfaltung innerhalb der Schöpfung. So reifte das Leben durch den Tod hindurch und über den Tod hinaus weiter und weiter.

Wie darf man sich die angedeutete Transformation des Lebens zum Tod und darüberhinaus vorstellen? - Bliebe innerhalb des Prozesses die Individualität, bliebe das Ich, der personale Kern erhalten? - Oder

---

[70] Tagore, Rabindranath: Eine Anthologie, hrsg. v. AmiyaChakravarty, Freiburg i.Breisgau 1961, S.28
[71] Ebenda, S.280

würde die individuelle Existenz "abgeworfen wie ein tierisches Fell"?[72]

Christen, Juden und Muslime bevorzugen (nicht zuletzt ihrer Vorstellung vom Endgericht Gottes wegen) das Fortexistieren des Individuums. Östliche Religionen wie Hinduismus und Buddhismus tendieren eher zu einer Aufhebung der Individualität. Stichworte sind hier: Reinkarnation, Rad des Lebens und Nirwana.

Der Gedanke, den Buddha lehrte, die Persönlichkeit könne nach dem Tode bzw. nach einer Reihe von Wiedergeburten "verlöschen", erfüllt den abendländischen Menschen mit Unbehagen, wenn nicht gar mit Furcht. Der große Philosoph des Pessimismus, Schopenhauer, hatte sich als junger Mann bereits mit buddhistischen und hinduistischen Glaubenssystemen befasst und spendete Bedenkenträgern und Ängstlichen eine tröstliche Überlegung, nämlich dass der Verlust der Individualität gar nicht zu fürchten sei. Im Gegenteil:

"'Wenn wir nun, durch den Tod, den Intellekt einbüßen, so werden wir dadurch nur in den erkenntnislosen Urzustand versetzt, der aber nicht ein schlechthin bewußtloser, sondern über jene Form erhabener sein wird (...) Auch wird im tiefsten Inneren, vielleicht eines jeden, dann und wann einmal, ein Bewußtsein sich spüren lassen, daß ihm doch eigentlich eine ganz andere Existenz angemessen wäre und zukäme als diese (...) mit lauter Miseren beschäftigte.'"[73]

Der bezeichnete erkenntnislose Urzustand hieße auch: Aufgabe des Ich, Loslassen des alten Lebens, Eingehen und Aufgehen in ein

---

[72] Ernst Jünger: Siebzig verweht II, a.a.O., S.640
[73] Zitiert in Ernst Jünger: Siebzig verweht II, a.a.O., S.640

anderes, höheres Sein. Ein Sein des Nicht-Ich, ein Sein der Entgrenzung.

Eine solche Vorstellung mag Verlustängste, vielleicht Schrecken hervorrufen, trotz des Positiven, von dem Schopenhauer ahnte, es könne uns nach dem Tode erwarten.

Die wenigsten unter uns vermögen es, dem eigenen Tod mit Gleichmut zu begegnen und dem Vorbild etwa der Stoiker aus der Antike zu folgen. So schrieb der Philosoph auf dem Kaiserthron Marc Aurel in seinen "Selbstbetrachtungen" nur scheinbar tröstlich:

"Laß dich nicht grausen vor dem Tod, vielmehr laß ihn dir wohlgefallen als auch eine der Veränderungen, welche dem Willen der Natur gemäß sind."[74]

Leiste dem Verlauf der Natur keinen Widerstand. Nimm das Unabänderliche des Sterbenmüssens hin, ohne zu klagen. Dabei hält die Natur als Macht über Allem im Tode noch Gutes für dich bereit:

"Der Tod ist ein Ausruhen von den Widersprüchen der sinnlichen Wahrnehmungen, von den Aufregungen der Triebe, von den fortwährenden Arbeiten der Denkkraft und von der Dienstbarkeit gegen das Fleisch."[75]

Alles gute und vernünftige Gründe, die Furcht vor dem Ende abzulegen? - Eine solchermaßen vernunftgesteuerte, stoische Haltung, einhergehend mit der Domestikation des Affekthaushaltes, überfordert so manchen. Das eigene Ableben gelassen und angstfrei erwarten - wer vermag schon solches?

---

[74] Marc Aurel: Selbstbetrachtungen, Bechtermünz-Verlag, Augsburg 2001, neuntes Buch, Vers 3, S.177
[75] Ebenda, sechstes Buch, Vers 28, S.110

Kein Philosoph, keine Wissenschaft, keine Weltweisheit und keine Ideologie redet Befürchtungen und Ängste jenen aus, die zitternd vor dem Sterben stehen. Nur liebevolle Zuwendung hilft hier und ist geeignet, die inneren Stürme zu stillen. Liebe und Mitmenschlichkeit weisen den guten Weg zum Lebensende und darüberhinaus. Die Liebe vermag das Unmögliche. Sie überschreitet die engen Grenzen der Einzelperson, verschmilzt Menschen miteinander zu einer höheren Einheit, stiftet neues Leben und trägt uns durch den Tod hindurch.

Nach der Analogie dieser Liebe dürfen wir uns die Beziehung denken, aus welcher heraus Jesus von Nazareth sein Leben, Sterben und die Auferstehung erfuhr: ein Kind Gottes zu sein.

Bedingungslos geliebt zu werden. Vorbehaltlose Akzeptanz eines jeden Menschen.

Das sind die zwei Grunderfahrungen, welche Jesus mit Gott, seinem Vater, machte.

Solchermaßen unter die Menschen gehen und ihnen gerecht werden (ohne sie zu "richten"), war das Werk des Mannes aus Nazareth. Nur aus der Erfahrung einer absoluten, Leben-spendenden Liebe Gottes zu seinen Geschöpfen konnte er Niedergedrückte aufrichten, Kranke heilen, seelisch Zerrüttete zu sich selbst führen, Furchtsame über Wasser gehen lassen und Tote zu neuem Leben erwecken.

Jesus sah die Spuren seines "Vaters" überall um sich herum: in der aufgehenden Saat, im Weinstock, an den guten Früchten der Bäume, in den Lilien auf dem Felde, in einer fröhlich herumtollenden Kinderschar, im Erbarmen füreinander, in der Freundschaft und in der Liebe, die selbst vor dem Tod nicht halt macht. So wurde er schließlich mit seiner Frohen Botschaft vom Reich Gottes hier auf

Erden selbst zu einer Spur, die (wenn wir ihr folgen) zur Gottesbegegnung führen mag.

Sich akzeptiert wissen, so wie man geworden ist, mit allen Mängeln, Fehlern, Sehnsüchten und Hoffnungen. Sich geliebt wissen trotz allen Scheiterns und gegen alle Widerstände, die ein Menschenleben aufzubieten hat. Sich getragen und bewahrt wissen entgegen aller Zerbrechlichkeit und Vergänglichkeit.

Das ist es, was Jesus vorgelebt hatte. Diese existenziellen Erfahrungen greifen in Tiefstes, Innerstes ein und verwandeln das Individuum und folglich sein Verhältnis zu Welt und Mitmenschen. In den allermeisten Religionen gibt es analoge Bekehrungs- oder Erweckungserlebnisse. Der Einzelne erfährt sich und die Welt "erhoben", "erwacht", glaubt sich mit Gott vereint oder "Eins" zu sein mit dem Kosmos, vom "Geist" beseelt, vom Dunkel ins "Licht" geführt.

In Kulten ritualisiert, versucht die Glaubensgemeinschaft, dieses Erlebnis nachzustellen und zu konservieren - im Bewusstsein seiner Kostbarkeit.

Über den Tod hinauszugelangen stellt die größte Hoffnung dar, die uns antreibt. Sie ist keine Illusion. Wir finden uns nicht ab damit, bloßer Teil eines natürlichen Stoffwechselprozesses zu sein, der einmal endet. Die Gleichgültigkeit der Natur gegenüber unserem Leben und Sterben, gegenüber dem Kommen und Gehen von Generationen von Menschen, empfinden wir als unzumutbar.[76] Drewermann führt diese Überlegung weiter:

---

[76] Eugen Drewermann: Wie zu leben wäre, Freiburg i. Breisgau 2002, S.63

"Gewiß, in Anbetracht des Kosmos, als reine Gebilde der Materie, sind wir winzige Wesen, ist unsere Erde nur ein Staubkorn und ist selbst unsere Sonne nur so groß wie eine Erbse; schon rein zeitlich ist unser Dasein, gemessen an den Dimensionen des Kosmos, weniger als das Leben einer Eintagsfliege. Aber sollte man Gott, der die riesigen Räume erschuf, der die Hunderte von Milliarden Sonnen zu einer einzigen Milchstraße formte und aus Hunderten von Milliarden Galaxien das Weltall bildete, nicht auch zutrauen, daß er die winzigen Samenkörner des Geistes - fähig, ihn anzuschauen mit Augen, die ihm gleichen, begierig, sich zurückzusehnen nach ihm als Ursprung, - einsammeln möchte aus den Tiefen des Alls und sie zurückführen möchte zu unserer ewigen Heimat?"[77]

Das eigentliche Thema ist Heimkehr, ganz im Sinne Rilkes:

"Das ist die Sehnsucht: wohnen im Gewoge

und keine Heimat haben in der Zeit."

Erst mit dem Heraustreten aus der Zeit eröffnet sich uns die eigentliche Heimstatt. Wir sind auf Erden nicht wirklich zuhause.

---

[77] Eugen Drewermann: Zeiten der Liebe, Herder-Verlag, Freiburg, Basel, Wien 1992, S.177

Jenseits der Zeit

"Ein Fluß, der aus dem Werdenden hervorgeht, ein reißender Strom ist die Zeit. Kaum war jegliches Ding zum Vorschein gekommen, so ist es auch schon wieder weggeführt, ein anderes herbeigetragen, aber auch das wird weggeschwemmt werden."[78]

So Marc Aurel, der Philosoph auf dem Kaiserthron. Vergänglichkeit, ein Nacheinander, eine Abfolge von Ereignissen, unumkehrbar, nicht anzuhaltender Strom, unaufhörliches Strömen, bezeichnet das, was wir als Zeit wahrnehmen und zu messen vermögen. Die Zeit ist darüber hinaus auch eine Spur, welche uns dem Gottesgedanken näherbringt.

Ausgehend von der Alltagserfahrung lässt sich über die Zeit sagen, dass alles in der Natur in früher oder später sich ordnen lässt. Eine Einsicht, die sich schon bei Aristoteles findet. Zeit bedeutet demnach die Abfolge von Geschehnissen oder das Nacheinander von Ereignissen.

Als Maßeinheit für die Zeit gelten uns Sekunde, Minute und Stunde. Die Sekunde legte man fest als den 86400. Teil eines mittleren Sonnentages. Lebten wir auf einem anderen Planeten, so fiele die Berechnung anders aus. Diese astronomische Zeitmessung entwickelte man aus pragmatischen Gründen und sie bildet bis heute die Grundlage für die Organisation unseres Alltagslebens.[79] Man

---

[78] Marc Aurel: Selbstbetrachtungen, Viertes Buch, Kapitel 43. Im Bechtermünzverlag 2001, S.70

[79] Die Erkenntnisse Einsteins, wie sie die spezielle und die allgemeine Relativitätstheorie aufzeigen, sind für unsere Betrachtungen nicht zu berücksichtigen.

misst also die Zeit durch Setzen von Zeitpunkten bzw. in Intervallen. Wie diese definiert werden, ist abhängig von der jeweiligen Kultur: Vom Aufgang und Untergang der Sonne bis zur Schwingung eines Quarzkristalls oder eines Moleküls fällt die Messung unterschiedlich genau aus. Entscheidend bei alledem bleibt: Innerhalb der Zeitordnung sind Ereignisse nicht umkehrbar. Hierzu ein simples Beispiel:

Auf dem Schreibtisch vor mir in einer Schale liegen reife Erdbeeren und ich freue mich, sie in wenigen Minuten zu verzehren. Diese Früchte wurden zuvor in einem Discounter erworben, dem sie seinerseits wenige Tage vor ihrem Verkauf per LKW angeliefert wurden. Gehen wir noch weiter in der Abfolge zurück. Die Erdbeeren wurden geerntet, nachdem sie auf dem Feld eines spanischen Landwirtschaftsbetriebs herangewachsen waren usw.

Kurzum: Ich kann die Früchte nicht genießen, bevor die Ereignisreihe stattgefunden hat. Die Abfolge der Geschehnisse ist unumkehrbar. So kann der Sohn nicht vor dem Vater die Welt betreten und die Wirkung nicht ihrer Ursache vorausgehen.

Wenn wir Zeit in diesem alltäglichen Sinne als Abfolge von Ereignissen, als unumkehrbares Nacheinander, messbar in Intervallen, verstehen, was wäre dann "Ewigkeit"?

Als Ewigkeit bezeichnen wir folglich eine unendliche Abfolge von Ereignissen, also die Fortsetzung der Zeit ohne ein Ende.

Die endlose Ausdehnung der Zeit, eine niemals endende Abfolge von Ereignissen, erfüllt uns aufgrund mangelnder Vorstellungskraft mit Unbehagen, hier wird es unheimlich.

Spinnen wir unsere Spekulation über Zeit und Zeitlichkeit noch ein wenig fort, so gelangen wir zu einem verblüffenden Gedanken, dem von der Negation der Zeit, der *"Nicht-Zeit"*.

Diese wäre gleichbedeutend mit "Zeitlosem". Weder Zeit noch Ewigkeit, dies wäre "Nicht-Zeit". Sie wäre nicht messbar, anfangslos und endlos.

Nicht-Zeit bzw. Zeitloses bezeichnete eine andere Realität, ein uns unbekanntes, nicht vorstellbares *Sein jenseits der Zeit*. Es wäre keine Ewigkeit, da diese noch Zeit voraussetzt.

Dieses fremdartige, höhere Sein, in welchem die unumkehrbare Abfolge von Ereignissen keine Gültigkeit hätte, ließe sich als *mögliche Seinsweise Gottes* denken bzw. erahnen.

Konfrontiert man im oben definierten Sinn "Ewigkeit" mit "Nicht-Zeit", so ergeben sich interessante mögliche Konsequenzen:

Das nicht endende Eintreten von Ereignissen nennen wir Ewigkeit. Es ist die ins Unendliche sich ausrollende Abfolge von Geschehnissen, welche zu erwarten sind als Künftiges. Der radikale *Abbruch* des Geschehens, mithin aller Ereignisse im Mikrokosmos und Makrokosmos, das "Einfrieren", "Erstarren" aller physischen Prozesse käme einem *Anhalten der Zeit gleich*.

Dieser Zustand hieße nicht mehr "Gegenwart", definiert sich diese doch durch den Ereignisfluss, welcher (Zukunft antizipierend, Ereignisse produziert und fortproduziert, wodurch "Vergangenes" abfällt und zurückbleibt) stetig vorrückt von Gegenwartsmoment zu Gegenwartsmoment, ohne jemals anzuhalten.

Das Anhalten der Zeit, verstanden als *vollständige Ereignislosigkeit*, wäre, wie aus der obigen Betrachtung hervorgeht, auch nicht

"Ewigkeit". Es wäre gleichbedeutend mit dem Ende der Welt, wie wir sie kennen, verstehen und erforschen. "Weltende", "Tod" des Kosmos sind auch nicht mit Zeitlosigkeit im Sinne einer Transzendenz zu denken. Dem kosmischen Dasein würde Zeit, Raum und alle physikalische Realität entzogen. Dies käme einer Katastrophe des Kosmos gleich - mehr noch: Es wäre dessen Auslöschung, insofern sämtliche physikalischen Prozesse sowohl auf der Mikroebene wie auf der Makroebene aufhörten.

Dieses Gedankenexperiment zeigt, dass Zeit nicht ohne etwas Daseiendes möglich ist. Somit entkommt nichts Daseiendes der Zeit und umgekehrt.

Gott, der Spender und Urgrund des Daseins, ist *jenseits der Zeit*, jenseits dessen, was sich ereignet. Gott waltet aus der Nicht-Zeit heraus, in einer transzendenten "All-Gegenwart".

Das Verhältnis von transzendenter Gottheit und dem Dasein der Welt: Wie ist dies denkbar oder zu erahnen? - Als Ausspenden von Geist im Sinne Platons? - Als Energiestrom, welcher Naturgesetze implantiert? - Als Zeugungsprozess von Raumzeit, hervorgehend aus einer absoluten Über-Wirklichkeit, jenseits von allem physikalischen Dasein? - Als die Durchführung eines gigantischen Experimentes mit offenem Verlauf und unvorhersehbarem Ausgang?

Derlei Spekulationen nehmen ihrerseits kein Ende. Was hingegen immer deutlicher hervortritt ist die Vorstellung einer *seinsmäßigen Abhängigkeit der Welt* von einer transzendenten (göttlichen) Macht. Für eben diese allgegenwärtige, transzendente Macht bestünde daher auch die Möglichkeit, der Welt ihr Dasein zu entziehen. Die in den meisten Religionen überlieferten Weltuntergangsvisionen wurzeln zu einem Teil wohl auch in dieser beunruhigenden Überlegung.

Annäherungen an den Gottesgedanken

Inspiriert von Augustinus, Meister Eckhart und Edith Stein getraue ich mich Gott zu denken

a) als anwesend jenseits von Zeit und Raum und

b) als Welt wirkend und Welt bewahrend.

Die folgende Auflistung von Bezeichnungen versucht sich diesem Gottesgedanken anzunähern. Gott gedacht als:

- Bedingung der Möglichkeit allen Seins
- Seinsgrund, Schöpfer des Seins, Weltengrund
- Absolutes, aus der Zeitlosigkeit und Raumlosigkeit heraus wirkend
- Weltenbeweger
- Weltenbewahrer
- Über dem Sein stehendes Sein
- Spender des Seins, Seinsursache, Urquell der Welt
- Verursacher des Seins, Bewahrer des Seins, Vollender des Seins
- Anfangs- und endloser Urgrund

Aus diesen Deutungsversuchen Gottes lässt sich herleiten, was unter göttlicher Sinnstiftung zu verstehen wäre:

"Nur weil alles endliche Sein im göttlichen 'Ich bin' sein Urbild hat, hat alles einen gemeinsamen Sinn."[80]

Von seiner göttlichen Quelle her, von seinem Ursprung her erhält die Welt ihren Sinn bzw. wird des göttlichen Sinnes teilhaftig.

Mit Hilfe einer zugegebenermaßen primitiven Skizze möchte ich den Gottesgedanken weiter ausführen. Es geht mir um die Annäherung an einen Prozess der *Selbstentäußerung Gottes*, wie er von G.W.F. Hegel, dem Philosophen des deutschen Idealismus her bekannt ist. Das Paradigma der Selbstentäußerung oder Selbstentfremdung zieht sich durch die Werke Hegels - allen voran durch seine "Phänomenologie des Geistes" aus dem Jahr 1807. Hier gestaltet sich "Weltgeist" bzw. das Absolute durch Selbstentäußerung tätig aus, überwindet anschließend seine "Entfremdung" im dialektischen Entwicklungsprozess, um zu sich selbst auf erhöhter Entwicklungsstufe zurückzukehren. - Ein Entwicklungsmodell, innerhalb dessen der "Weltgeist" in Geschichte und Philosophie zu sich kommt.

Dieser Aspekt der Selbstentäußerung soll uns helfen, dem Gottesgedanken näher zu rücken. Das Ausspenden des Seins, das Verursachen des Seins und das Schöpfungswerk können als Entäußerung der Gottheit gedacht werden. Eine Selbstentäußerung, welche zeitlos, in einem ewigen "Nun" sich vollzieht. Ein aus dem Zeitlosen und Raumlosen sprudelnder Urquell des Seins - Sein erzeugend, Welt konstituierend, Welt bedingend, Zeit und Raum sich

---

[80] Edith Stein: Endliches und ewiges Sein - Versuch eines Aufstiegs zum Sinn des Seins, a.a.O., S.229

entfalten lassend. Auf diese Weise möchte ich das Verhältnis Gottes zur Welt auf der unten abgebildeten Zeichnung skizziert wissen.

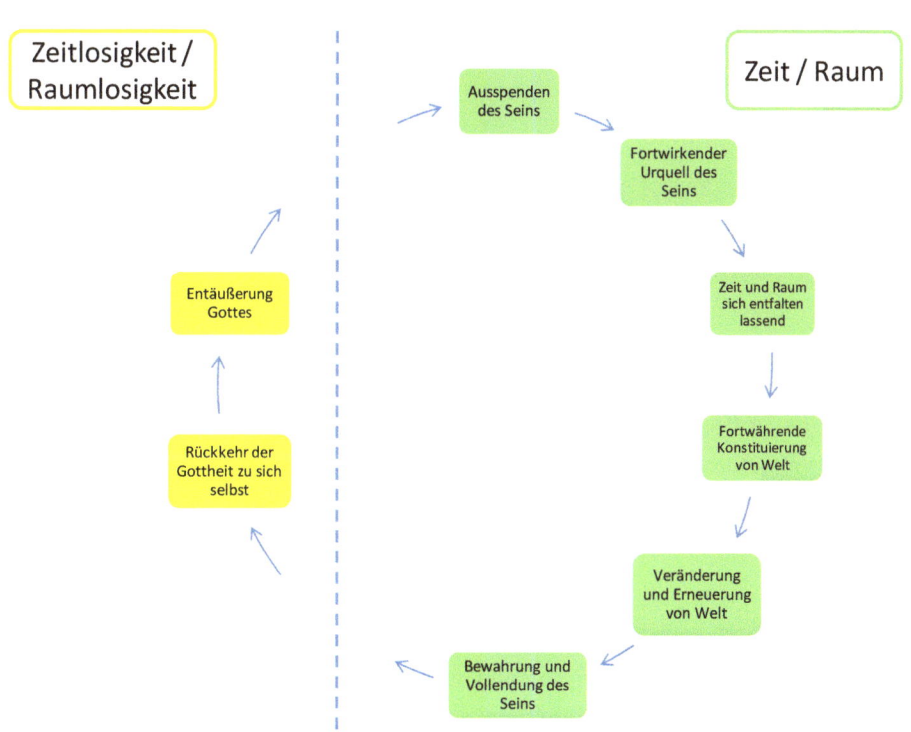

Die hier skizzierte *Entäußerung* Gottes könnte in einem doppelten Sinne verstanden werden:

a) als Ausspenden, Verursachen des Seins

b) als prozessuale Vereinigung Gottes mit dem Sein.

Auf diese Weise wirkte die Gottheit in der Welt und an der Welt, ohne mit der Welt bzw. mit dem Sein identisch zu werden. Die Verschiedenheit von Gott und Sein wäre in diesem gedanklichen Konstrukt gegeben.

Die Entäußerung Gottes aus Nicht-Zeit und Nicht-Raum heraus gedacht, gewissermaßen aus einer transzendenten All-Gegenwart, findet nach unserem menschlichen Zeitbegriff statt in jedem Augenblick, in welchem der Kosmos existiert. Meister Eckhart formulierte diese These mit den Worten:

"Alle Kreaturen (nun) haben kein Sein, denn ihr Sein hängt an der Gegenwart Gottes. Kehrte sich Gott nur einen Augenblick von allen Kreaturen ab, so würden sie zunichte."[81]

In Ernst Jüngers späten Tagebüchern findet sich derselbe Gedanke wieder:

"Das Zeitlose ist trächtig; es kann Zeit sowohl absondern wie einziehen. Ob das ein für alle Mal geschieht oder in pulsierenden Akten, ist eine Nebenfrage, die von den Kulten verschieden beantwortet wird."[82]

---

[81] Meister Eckehart: Deutsche Predigten und Traktate, a.a.O., S.171
[82] Ernst Jünger: Siebzig verweht III, Stuttgart 1993, S.453

Diesseits der Zeit: Freude und Leid

Freude und Leid bilden die zwei Seiten ein und derselben Münze ab, mit der wir unseren Obolus für die Teilhabe am Leben entrichten, als auch den Lohn für dieses Privileg erhalten.

Quittiert wird der Handel mit Lachen und Weinen. Die Rückgabe der Münze erfolgt am Lebensende. Dabei ist es nachrangig, wie lange die Lebensreise gedauert hat. Wichtig scheint mir zu sein, wie nahe wir an den Spender der Münze im Verlauf unseres Daseins herangerückt sind.

Ein kurzer Blick auf die Freuden und Leiden inmitten eines Menschenlebens vermag mehrere Verbindungen mit Gott als der Quelle des Seins zumindest andeuten.

Freude bessert uns geradezu: Sie macht großmütig, nachsichtig, duldsam, zuversichtlich, tatendurstig, selbstsicher und dankbar. Freude lässt uns dem Leben mit Frohsinn begegnen. Sie bewirkt Dankbarkeit gegenüber dem Lebensquell und durchströmt uns mit einem Wohlwollen gegenüber Gott. Wir sehen im gelingenden Leben und im Lebensglück die Spuren eigener Vollendung, die Fußabdrücke Gottes.

Die Freude am Leben lässt sich entrollen wie ein langes, buntes Band der freudigen Momente, als da sind:

Mit lieben Freunden beisammen sein, gute Speise genießen, die Schönheit von Landschaft und Kunst erleben, die beglückende Erfahrung machen, Probleme zu lösen und anspruchsvolle Aufgaben zu bewältigen, das Erkennen, Durchdenken und endlich das Verstehen komplexer Zusammenhänge, die befriedigende Betätigung der Körper- und Seelenkräfte in Fest, Spiel, Sport, Tanz und Sexualität, die innere Einkehr und Versenkung, lieben und geliebt werden, eine Ekstase erleben, schöpferisch tätig sein und etwas Eigenes hervorbringen und ausgestalten, Neues, Bereicherndes auf Reisen entdecken, Geselligkeit genießen, sich selbst mögen usw.

Freude ermöglicht ein großes JA zum eigenen Leben sagen zu können. Sie impliziert ein Urvertrauen zur Welt.

Anders verhält es sich mit dem Leid, der anderen Seite der Münze. Leid vermag uns am eigenen Leben verzweifeln zu lassen. Es lässt Individuen an desaströsen Lebensbedingungen und den damit einhergehenden Anforderungen scheitern und zugrunde gehen. Die Welt wird als ein feindseliger, abweisender Ort empfunden. Es kann nur schwerlich ein Urvertrauen ins Dasein entstehen.

So kann Leid apathisch, furchtsam, pessimistisch, verbittert, fatalistisch, rachsüchtig, neiderfüllt, egozentrisch, depressiv, aggressiv oder gar mörderisch werden lassen. [83]

Leid kann freilich im Gegensatz dazu auch zu Toleranz, Mitgefühl und Hilfsbereitschaft führen. Wichtig scheint mir hier zu sehen: Der Leidende sehnt sich nach Erlösung, zumindest nach Linderung seiner Qualen. Rettendes, Heilendes wird erhofft. Dieses Bestreben mag bei manchem den Blick auf den Erlösergott sich richten lassen.

Die zahlreichen Leiden des Lebens lassen sich zu einem düsteren, schmerzerfüllten Bilderbogen entfalten:

Unfrieden, die Erfahrung von Krieg, Naturkatastrophen und vielfältiger Gewaltanwendung, Not in Gestalt von Nahrungsmangel,

---

[83] Zu Bedeutung von Angst, Neid und Hass siehe auch meine Schrift Ralf D. Niemczyk: Gegen Entmenschlichung, Norderstedt 2016, S. 15-34

Obdachlosigkeit und Vertreibung, Krankheit, Unfall, Tod, Gier, Hass, Neid, Trauer, Langeweile, Überforderung, die Erfahrung von Furcht, Angst, Scheitern, Sinnlosigkeit, Einsamkeit, Verzweiflung und Ohnmacht, das Entbehren von Liebe, Freundschaft und Geselligkeit usw.

Freude und Leiden als die zwei Seiten derselben Münze unserer Lebensreise sind einer nach menschlichem Urteilsvermögen *unvollkommenen Schöpfung* bzw. dem Experimentalcharakter der *Welt* geschuldet.

Wie ist mit dieser Lebenswirklichkeit (d.h. mit Freud und Leid) umzugehen? Besonders die Auseinandersetzung mit den zahlreichen Leiden bleibt den meisten unvermeidlich und fällt besonders schwer. Die vorzeitige Rückgabe der Münze im suizidalen Handeln bezeichnet das eine Extrem einer Spannbreite, die vom radikalen NEIN zum Leben bis zum Neubeginn durch einen leidbedingten Läuterungsprozess reicht: Ein Teil derer, die sich auf dem Feld des Lebens bemühen, verstehen sich auf das Verdrängen und Ignorieren leidvoller Erfahrungen und machen einfach "weiter" wie bisher. Andere errichten einen Schutzwall um sich herum oder legen sich ein "dickes Fell" zu in der Erwartung künftiger Angriffe. Manch einer begreift diverse Leiden sinnstiftend als "Prüfungen" oder als ethische "Herausforderungen". Einige nehmen die Miseren in ihrer Biografie als Gaben des Schicksals hin, ertragen diese oder verzweifeln daran. Nur wenige Menschen unternehmen es, sich mit Hilfe spiritueller Techniken nach dem Vorbild der Stoiker oder der Buddhisten gegen Leid zu immunisieren.

Viele gehen am Leid und im Leiden schlicht zugrunde. Einige überantworten sich, ihrer eigenen Ohnmacht bewusst, Gott.

Die Allermeisten, so bleibt zu vermuten, werden in einer Art von Mischung der soeben aufgezeigten Verarbeitungsweisen des Leids versuchen, "irgendwie" die Leidenszeit durchzustehen, in der Hoffnung auf Besserung.

Der Wille zum Leben (Schopenhauer), Hoffnung und Sehnsucht sind hierbei stärkste Antriebe, nicht am Leben zu zerbrechen. Das Individuum, welches sein begrenztes Dasein mittels Lebenswille, Hoffnung und Sehnsucht auf den Weltengrund hin überschreitet, ahnt, dass dem Urquell des Seins (Gott) kein Lebewesen gleichgültig ist. Alle lebensbejahenden Impulse zur Freude weisen auf ein mögliches Glücken des Lebens hin - ein Glücken, ein Gelingen, welches in der abschnittweise desaströs entwickelten Welt auf ein Heilshandeln Gottes angewiesen bleibt. In dem Augenblick, da wir unsere Gotteskindschaft erkennen und im Alltagsleben auch erfahren, wissen wir, woher wir ontologisch stammen und wohin wir eigentlich gehören. Somit lässt sich mit dem späten Ernst Jünger der befreiende Satz aussprechen:

"Ein gutes Gefühl: auf diesem Planeten nur beurlaubt zu sein."[84]

---

[84] Ernst Jünger: Siebzig verweht II, Stuttgart 1981, S.636

Die acht reinen Typen der Gottessucher

Die Beschäftigung mit Menschen, welche ihr Leben der Gottessuche gewidmet haben, kann für das Auffinden des eigenen spirituellen Weges hilfreich sein. Die persönlichen Geschichten solcher Suchenden, ihre Wege, Irrwege und Sackgassen mögen als Inspiration und manchmal als Warnung dienen.

Das Erstellen einer "Typologie" von Suchenden nach dem Göttlichen, fällt leicht. Gottsucher bzw. spirituelle Menschen unterscheiden sich gründlich vom sogenannten Alltagsgläubigen. Letzterer ist ausgefüllt vom Bewältigen seines Lebens und besetzt von beruflichen, familiären und sozialen Anforderungen. Kurzum: Der Alltagschrist, der Alltagsmuslim, der Alltagshindu sind Menschen, deren Lebensstil dem der Mehrzahl der Erdbevölkerung entspricht. Sie bemühen sich tagaus und tagein um das Überleben in einer ständig sich verändernden Welt, währenddessen sie ihre religiösen Pflichten wie Gebetszeiten, Fastenrituale, Wallfahrten, Festtage und Gottesdienste mehr oder weniger berücksichtigen.

Von diesem "Alltagsgläubigen" lassen sich die folgenden Typen alternativer Lebensvollzüge deutlich abgrenzen, deren Lebenspraxis primär von der Gottessuche bestimmt wird:

- Der spirituelle Meister, der Stifter einer Religion
- Der Prophet
- Der Heilige
- Der Mystiker
- Der Schamane
- Der Asket
- Der Pilger
- Der Priester

Die Auflistung dieser "Idealtypen" der Gottessucher (im Sinne Max Webers) schließt freilich fließende Übergänge und Mischformen in realiter ein. So vermag der Asket zum Prophet zu werden, der Pilger kann den Status des Heiligen erlangen usw. Wichtig ist jedoch: Die acht reinen Typen der Gottessucher bleiben (von der Ausnahme des Priesters abgesehen) Lichtgestalten, die ihrerseits als Spurenleger der Gottheit gelten können. Wer auf den Spuren der Gottheit wandelt und sein Leben dem Überweltlichen widmet, wird manchmal selbst zum Wegweiser für Suchende. Insofern vermag der Alltagchrist, der Alltagsjude etc., also der "Durchschnittsmensch" vom Leben und Wirken dieser besonderen "Leistungsträger" in Glaubensangelegenheiten für die eigene Spiritualität einen Nutzen ziehen.

Ein zugegebenermaßen gewagter Vergleich aus der Welt des Sports verdeutlicht die obige Unterscheidung des reinen Typen der Gottessucher vom Alltagsmenschen. Demnach entspräche beispielsweise der Alltagchrist dem Breitensportler, der gelegentlich seinen Sport ausübt, wohingegen der Heilige oder gar der Prophet athletische Höchstleistungen zu vollbringen in der Lage sich befinden. Propheten und spirituelle Meister (etwa Stifterpersönlichkeiten von Religionen) stellen auf dem Feld der Religion die Olympiasieger, während die Mehrzahl der Gläubigen sich oftmals vergeblich um eine Basisfitness bemüht.

Bleibt man beim Bild des Sports, so sehen wir auf dem letzten Platz eines Rankings den Priester. Er ist der quasi verbeamtete Sachwalter geistlicher Rituale und Institutionen. Seine Leistung besteht in der Kenntnis, im Organisieren und Tradieren einer Glaubenspraxis. Um ein letztes Mal die Analogie des Sports zu bemühen: Der Priester ist der Vorsitzende eines Vereins von Spirituell-Tätigen, der die Statuten, Praktiken, Texte und regelmäßigen Veranstaltungen kennt und bewahrt. Im günstigsten Fall ist er ein ehemaliger Leistungssportler. Der Idealtypus "Priester" findet sich durchaus nicht bei allen Religionsgemeinschaften, gleichwohl trifft man ihn bei der Mehrzahl der Gläubigen an. Er ist die Gelenkstelle zwischen Gemeinschaft der Gläubigen und dem Überweltlichen, Vermittler zwischen Alltag und höherer Sphäre. Sein Vorläufer ist kulturgeschichtlich der Schamane. Die Ursprungstätigkeit des Priesters war das Opferritual und die Beschwörung. Beides diente der Absicherung des Lebens der Gemeinschaft. Überweltliche Mächte mussten günstig gestimmt und als Helfer beschworen werden.

Kurzzeitig spirituell engagierte Menschen, die aus ihrem gewohnten Leben aufbrechen und eine Reise zu einem heiligen Ort unternehmen, nennen wir Pilger. Die Motivation für ein solches Projekt fällt unterschiedlich aus: eine Buße leisten, ein abgelegtes Gelübde, Selbsterforschung und die erhoffte Selbstfindung, das Erlangen einer Erleuchtungserfahrung oder die obligatorische Erfüllung einer Vorschrift einer Religionsgemeinschaft mögen hier eine Rolle spielen.

Das von Mühen und Entbehrungen begleitete Aufsuchen einer heiligen Stätte (eines Berges, Tempels, heiligen Baumes oder einer

Kirche) stellt im Kern einen *Annäherungsversuch an das Überweltliche* dar. Die Wallfahrt kommt einer *Selbstüberschreitung* gleich. Sie eröffnet dem Pilger im günstigsten Fall eine neue Lebensperspektive. Dieses "Unterwegssein" zur Gottheit praktizieren Heilige und Mystiker, ohne eine Ortsveränderung vornehmen zu müssen. *Ihre spirituelle Reise* kann in einer Klosterzelle oder in einem Hotelzimmer stattfinden .

Der Mystiker sucht die Transzendenzerfahrung. Dies ist sein Kernanliegen. Er bemüht sich um ein spezielles religiöses Erleben, das nur wenigen zuteil wird: die Erfahrung einer absoluten, höheren, überweltlichen, göttlichen Realität. Versenkung, Kontemplation, Innenschau, Meditation, Trance, Erleuchtung, Vision und Ekstase sind hier die Schlüsselbegriffe.

Die mystische Erfahrung (von griechisch mystikos = geheimnisvoll) verändert die Wahrnehmung von der Welt. Der Mystiker sieht mit "neuen Augen" und hört mit "neuen Ohren". Analog dazu vollzieht sich ein Wandel des Bewusstseins von der Welt. So verändert dem christlichen Mystiker Meister Eckhart die Erfahrung der Gottesbegegnung alles; er glaubt sich mit Gott Eins. Ähnlich erfährt der hinduistische Mystiker in der Einheit des Brahman seine Person aufgelöst in einer höheren, der "eigentlichen" Realität.

Die Grenzen zwischen Mystikern und Heiligen sind fließend. Der Schutzpatron der Schweiz, Niklaus von Flüe, auch "Bruder Klaus" genannt (1417-1487), war Mystiker, Heiliger und Asket in einer Person. Für Franz von Assisi (1181-1226), den Schutzpatron Italiens, gilt dasselbe.

Der Heilige gilt als religiöse Autorität und zwar nicht kraft eines Amtes, sondern einer Lebenspraxis wegen, welche radikal der Gottheit zugewandt, vollzogen wird. Heilige leben aus dem

"Überweltlichen" heraus (Rudolf Otto) und erreichen (nach dem Verständnis der jeweiligen religiösen Gemeinschaft) eine Höchststufe menschlicher Entwicklung. Der Heilige wird mitunter kultisch verehrt und erhält Vorbildfunktion. Bemüht sich der Heilige um ein Leben in Gottesnähe aus Gründen, die in seiner Biografie und seiner psychischen Disposition liegen, so erfährt hingegen der Prophet (hierin dem Mystiker ähnlich) die *Ansprache des Göttlichen unmittelbar*. Er wird "berufen", d.h. in die Pflicht genommen, der Gottheit zu dienen durch Rede und Tat, auch gegen seinen Willen. Der Mensch wird vom Gotteswillen überwältigt und wird zum "prophetes" (griechisch), d.h. zum "Seher" und "Verkünder" dessen, was wahr ist. Der Prophet kommt dem übermächtigen Auftrag Gottes nach. Er wird Beauftragter und Gesandter und wirkt als Mahner (Mose), Kritiker (Johannes der Täufer) und als Warner (Muhammad).

Die von Gott Berufenen treten mitunter als Charismatiker und Ekstatiker auf. Stets geht es um die Verkündigung des göttlichen Willens, manchmal gegen alle machtpolitischen Verhältnisse, ohne Rücksichtnahme auch gegen den Propheten selbst.

Am Beispiel des Propheten als eines Typus der Gottessucher wird deutlich: Phänomenologisch haben wir es mit einem "von außen" gesteuerten Handeln zu tun. Der Auftrag "ergeht" an den Hörer des Gotteswortes und überwältigt, dominiert ihn.

Umgekehrt beim Mystiker, beim Heiligen und beim Asketen: Die Zuwendung zur Gottheit geht in diesen Fällen von der Person selber aus. Sie praktiziert durch spirituelle Techniken eine Annäherung ans Überweltliche, wohingegen der Prophet zum Instrument des Absoluten auserkoren ist.

Zu den eher innengesteuerten Gottsuchern gehört der Asket. Als Typus steht er der Moderne und Postmoderne, mithin unserer Gegenwart am nächsten.

Der Asket ist jemand, der sich um *Selbstoptimierung* bemüht. Die der Askese als Lebensstil zugrundeliegende Vorstellung ist: Durch kontinuierliches Erbringen außerordentlicher Leistungen soll ein höherwertiges Ziel wie z.B. das Erlangen von Selbstkontrolle, das Erreichen eines höheren Bewusstseinszustandes oder Charakterfestigkeit erreicht werden. In der Mehrzahl der Weltreligionen spielt Askese eine bedeutsame Rolle: Hinduisten, Buddhisten, Muslime (hier speziell die Mystikerorden), Jainas (Anhänger des Jainismus) und Christen brachten große Asketen hervor.

Es handelt sich bei der Lebensführung des Asketen um eine Art von *Übungspraxis, die durch Verzicht und fortdauernde Anstrengungen sich auszeichnet.*[85]

Konkrete Übungspraktiken sind Nachtwachen bzw. Schlafentzug, Fasten, spezielle Diät, Verzicht auf Besitz, sexuelle Enthaltsamkeit, Schweigen und das Bevorzugen der Einsamkeit, Überwindung körperlicher Bedürfnisse und die Bereitschaft, Schmerz zu ertragen. Da die Askese, wie man der (unvollständigen) Aufzählung ihrer Praktiken entnehmen kann, dem Individuum zunächst als Selbstüberforderung gegenübertritt, sei an deren Programmcharakter erinnert. "Askese" stammt vom griechischen Wort "askein" = üben. Wir haben es also mit einem

---

[85] Peter Sloterdijk unternahm den aufregenden Versuch, Kultur als eine Art von Selbsterzeugung des Menschen als eines permanent *sich Übenden* zu begreifen und darzulegen. Siehe Peter Sloterdijk - Du mußt dein Leben ändern. Über Anthropotechnik, Frankfurt a. M. 2009

"Fitnessprogramm" der Persönlichkeitsentwicklung auf geistiger und körperlicher Ebene zu tun, das den Übenden einer zunehmenden Trainingsintensität unterwirft. Im Bereich des Religiösen ist das Ziel dieser Lebensführung und Übungspraxis die Überwindung der Grenze zwischen der Welt des Heiligen und des Profanen.[86] Die Soziologen Renè Durkheim und Max Weber zeigten, wie diese ursprünglich religiös geprägte Askese auf Wirtschaft und Gesellschaft ausgriff und besonders das Feld der Berufsarbeit besetzte, worin wir alle mehr oder weniger asketisch tätig sind.

Bemerkenswert scheint mir zu sein, wie Potentiale der Askese in der gegenwärtigen "Wissensgesellschaft" auf Gebiete wie Karriere, Sport, Ernährung und Körperkult gelenkt werden. Individuen nehmen enorme Entbehrungen und Belastungen auf sich, um einen athletischen Leib sich anzutrainieren oder im Leistungssport "Grenzen zu überschreiten" ("no limits!" lautet die bizarre Devise dieser Klientel). Damit einher gehen diätetische und gesundheitliche sowie psychotechnische Heilslehren, die der *Selbstoptimierung* zu dienen versprechen.

Man pilgert nicht mehr, um einen heiligen Berg zu umrunden, zu fasten und zu meditieren. Der Wohlstandsasket bereitet sich auf das Besteigen eines "Achttausender" im Himalaya vor, überquert im Paddelboot den Atlantik, taucht ohne Zuhilfenahme eines Atemgeräts mehr als hundert Meter tief ins Meer hinab oder nimmt am "Ultramarathon" teil (das sind Laufwettbewerbe, die über die eigentliche Marathondistanz hinausgehen, oft sind einhundert Kilometer oder mehr zu absolvieren).

Die Übungspraktiken der Askese verlagern sich, indem die Zielorte wechseln. Nicht die Gottesschau, nicht die Vervollkommnung eines

---

[86] Renè Durkheim: Die elementaren Formen des religiösen Lebens.

Charakters, nicht die Tugendhaftigkeit gelten als Ziele, sondern wirtschaftlicher Erfolg, berufliche Karriere, Prestige, Popularität (Starkult), Extremerfahrungen und Selbstverwirklichung verlangen dem Individuum alles ab. Der solchermaßen zum Starasketen avancierte Privilegierte der Wohlstandsgesellschaften versperrt den Blick auf die "Durchschnittsasketen"; gemeint sind die zahlreichen Erwerbstätigen und Armen, welche gegenwärtig recht unfreiwillig im Zustand der Enthaltsamkeit ihr Dasein fristen.

Abschließend ließe sich hinsichtlich der Wohlstandgesellschaften westlicher Prägung formulieren: Deren Mitglieder wenden einen Großteil ihrer psychischen und physischen Energie für die Bewältigung ihres Arbeitsalltags auf. Hinzu kommen die Anliegen einer Mittel- und Oberschicht um Selbstverwirklichung, Grenzüberschreitung und Selbstoptimierung, welche ihrerseits erhebliche asketische Anstrengungen evozieren.

Eine Übungspraxis, die von der Gottsuche umgetrieben wird, scheint aktuell wenig gefragt zu sein.

Eine im Vergleich mit der Askese spektakuläre Übungspraxis spiritueller Entfaltung eröffnet sich dem Betrachter im Schamanismus. Der Begriff ist wissenschaftlich umstritten, so dass keine gültige belastbare Definition existiert. Nicht einmal die geografischen und kulturgeschichtlichen Ursprünge sind eindeutig konstatierbar. Es lässt sich trotz aller Unsicherheiten so viel sagen, dass es sich beim Phänomen des Schamanismus um rituelle Geisterbeschwörung handelt, die im Kontext bestimmter überschaubarer Gemeinschaften ausgeübt wird. Meist geht es um in der Öffentlichkeit vollzogene Heilungsrituale und um das Wiederherstellen des Gleichgewichtszustandes der jeweiligen Gemeinschaft.

Da Schamanen auf allen Kontinenten in unterschiedlichen Kulturen ansässig sind (Schwerpunkte hier: Sibirien, Zentralasien, Grönland, Amerika), finden sich nur wenige Gemeinsamkeiten bzw. rituelle Praktiken, die für unsere Suche nach Spuren Gottes bedeutsam sein könnten. Ein Kernaspekt lässt sich allerdings herausstellen: Der Schamane bekleidet in seiner Gemeinde eine wichtige Position. Vereinfacht formuliert vermittelt er zwischen der Welt der Menschen und der Welt der Geister, wobei letztere die Geister der Vorfahren, Naturgeister oder Dämonen sein können.

Der Schamane fungiert als Krisenmanager, Mediator, Arzt, Apotheker, Psychotherapeut und Priester in einer Person. Kernstück seiner spirituellen Übungspraxis ist bei vielen Ethnien die *Seelenreise* in den Himmel und in die Unterwelt (Wohnort der Geister). Für diese Reise werden umfangreiche Vorbereitungen getroffen: z.B. mehrtägiges Fasten, Schwitzkuren, Abbrennen von Räucherwerk, das konzentrierte Einnehmen ritueller Körperhaltungen, Verwendung halluzinogener Substanzen, das Anlegen heiliger Kleidungsstücke, Gebetsformeln, Gesänge, Tanz und das Erzeugen von Rhythmik durch Einsatz von Trommel und Rassel. Beim Ritual der Seelenreise geht es technisch betrachtet um das Erlangen eines Zustandes ritueller Trance oder ritueller Ekstase.

Die Reise in die andere Welt findet in der Öffentlichkeit statt, begleitet oft von Hilfsgeistern, die den Schamanen unterstützen. Sie ist nicht Selbstzweck, kein "Selbsterfahrungstrip"; sie dient vielmehr der Lösung körperlicher, seelischer oder sozialer Probleme konkreter Mitglieder der jeweiligen kulturellen Gruppe.

Im günstigsten Fall kehrt der Schamane von seiner Seelenreise in die Welt der Geister zurück und überbringt eine Mahnung, eine Warnung, einen Rat oder ein Heilmittel für den Erkrankten. Wichtig in unserem Kontext ist das Wirken des Schamanen als das *eines heilenden Grenzgängerszwischenden Welten. Er findet Wege (Trance, Ekstase, Traum, Vision), höhere oder tiefere Welten zu betreten.* Im Phänomen des Schamanentums findet sich ein uraltes und weltweit verbreitetes Streben danach, die eigenen körperlichen und seelischen Grenzen auf Höheres, Transzendentes hin zu überschreiten. Auch hier hinterlässt der Urquell des Seins, hinterlässt das Göttliche seinen Fußabdruck.

Der spirituelle Meister, Stifter einer Religion, Gründungspersönlichkeit mit höchster Autorität, tritt in der Welt der Religionen deutlich hervor. Sein Name ist in aller Munde: Mose, Muhammad, Jesus, Zarathustra, Buddha. Die von der Transzendenz hinterlassenen Fußabdrücke haben sich im Falle der spirituellen Meister als besonders nachhaltig erwiesen. Ein Grund hierfür liegt auch darin, dass die jeweilige Gründungspersönlichkeit es verstand, eine Anhängerschaft um sich zu scharen und diese Gemeinschaft im Glauben sich zu einer Institution von Dauerhaftigkeit auswachsen konnte.

So wurde aus einer jüdischen Sekte um den charismatischen Wanderprediger und Heiler Jesus von Nazareth die Milliarden Mitglieder zählende Institution der christlichen Kirche. Die Weisheitslehre eines spirituellen Lehrers in Nordindien dehnte sich aus zu einer Mönchsbewegung, die das Leiden aller Lebewesen zu überwinden trachtet - die Weltreligion des Buddhismus. Dem in Mekka ansässigen Kaufmann Muhammad ("der Gepriesene") wurden im Alter von vierzig Jahren göttliche Offenbarungen zuteil. Der zum Propheten avancierte Gottsucher stiftete eine Gesetzesreligion, den Islam ("Hingabe"), welcher rasch die arabische Halbinsel und Nordafrika beherrschte und bis nach Spanien vorrückte.

Es lässt sich vermuten: Die Zentralfiguren der großen Religionen waren historisch auch deshalb erfolgreich, weil sie den existenziellen und spirituellen Bedürfnissen der Menschen ihrer Zeit und ihres Erdkreises entgegenkamen. Sie waren Vermittler eines himmlischen Lebens nach dem biologischen Tod, Spender von Gemeinschaft, Liebe, Hoffnung und Erlösung von allen Leiden in dieser oder einer anderen Welt. Dabei überzeugten die Gründungspersönlichkeiten ihre Anhänger als spirituelle Meister durch Charismen, Erhöhung und *Vollendung der eigenen Person* mehr noch als durch ihre Lehre: Buddha gilt seinen Anhängern als der Erwachte, der Verehrungswürdige, der Erhabene, der Vollendete. Jesus gilt den Christen als Erlöser der Welt, Gottessohn und Messias. Muhammad ist den Muslimen der größte und zugleich letzte Prophet Allahs.

Das Leben solcher Religionsstifter wird von der gläubigen Anhängerschaft mit Legenden, Wundererzählungen und anderen frommen Übermalungen versehen - vielleicht Ausdruck der Sehnsucht nach Rettung, Besserung, Erlösung, Erhöhung und Vollendung der eigenen Person.

Der Muslim eifert dem Vorbild des Propheten nach - hoffend, in der Befolgung der kodifizierten Vorschriften Allahs Gott näher zu kommen. Ähnlich der Christ, der Jesu Nachfolge anzutreten sucht, die ersehnte Auferstehung der Toten vor Augen.

Damit werden die spirituellen Meister zu *Projektionsflächen der Wünsche und Sehnsüchte nach Selbstvollendung,* nach Überschreitung eines defizitären, leidvollen, oft gescheiterten Lebens. Ein neuer Himmel und eine neue Erde werden erwartet. Die Lehren der Meister scheinen zu versichern: Wir geben dir Halt, Geborgenheit einer neuen Gemeinschaft, wir nehmen dir deine Angst, schenken Sinn, ein Ziel und Glück in Ewigkeit.

Der Erfolg einer Religion ist oft an Persönlichkeiten, weniger an formale Doktrinen geknüpft. Charismatische, ekstatische, wundertätige, liebevolle, authentische Identifikationsfiguren rütteln wach, reißen mit. "Nachfolge" schließt Begeisterung notwendig ein.

Die seit dem 19. Jahrhundert gestellte Frage nach der "Historizität", mithin der historisch belegbaren Realität dieser oder jener in den heiligen Texten berichteten Ereignisse ist nachrangig. Die Stiftungspersönlichkeiten der großen Religionen weckten bei ihren Anhängern einen spirituellen Hunger nach Transzendenz und einem anderen Leben. Sie bewirkten, dass aus braven Bürgern Glaubenseiferer für das Reich Gottes, Märtyrer oder heimatlose Wandermönche wurden.

Die spirituellen Meister öffneten Türen und Fenster zum Überweltlichen. Ihre Biografien sind Inspiration, eigene Wege in ein höheres Leben zu betreten.